Printed in the USA

Ukrainian Language:
150 Ukrainian Verbs Conjugated in Common Tenses

By Andriy Melnychuk

Contents

бажати - to wish, to want.	5
бачити - to see.	6
бити - to beat.	7
битися - to fight, to beat.	8
бігти - to run.	9
боліти - to ache; to a pain, to hurt.	10
брати - to take.	11
брехати - to lie.	12
вбивати - to kill.	13
вдаряти - to strike, to hit.	14
вдаватися - to succeed; to resort (to); to go into.	15
вертати - to return, to give back; to recover.	16
вести - to lead, to drive.	17
виглядати - to look out; to emerge, to peep out.	18
вигукувати - to exclaim; to cry out.	19
виходити - to go out, to come out.	20
викликати - to call; to challenge; to provoke.	21
вирішувати - to decide; to solve.	22
вискакувати - to jump out, to leap out; to spring out.	23
витримувати - to bear, to stand; to keep up, to hold.	24
витягати - to draw out, to pull out; to extend, to stretch out.	25
виявлятися - to be revealed; to turn out (to be).	26
відбуватися - to happen, to take place, to occur.	27
віддавати - to give back, to return; to devote.	28
відкривати - to open; to reveal; to turn on.	29
відповідати - to answer, to reply.	30
відчувати - to feel, to sense.	31
вірити - to believe; to trust	32
водити - to lead; to conduct; to drive.	33
впізнавати - to recognize.	34
вставати - to get up, to rise; to stand up.	35
встигати - to have time, to come (to be) in time; to succeed (in), to progress.	36
втікати - to run off, to run away, to make away, to flee.	37
втрачати - to lose; to waste; to shed; to give up.	38
гинути - to perish, to be lost, to go to ruin.	39

глядіти - to look.	40
гнати - to drive, to ride hard.	41
говорити - to speak, to talk; to say, to tell.	42
горіти - to burn.	43
грати - to play (at, on) ; to have a game; to act.	44
гукати - to hail, to call; to whoop.	45
давати - to give; to let, to allow.	46
дивитися - to look (at, in, into); to stare; to see.	47
дивуватися - to be astonished (surprised), to wonder, to marvel.	49
дихати - to breathe, to respire.	50
дізнаватися - to learn, to get to know, to hear; to find out.	51
доходити - to reach, to go, to walk (up, to); to come (at, to, up)	53
діставати - to fetch; to take out; to get (out of); to touch, to reach.	54
дівати - to put, to do (with).	55
діяти - to act; to operate; to work; to influence.	56
доводитись - to have to; to fall to the lot (of); to happen (to).	57
доводити - to lead, to bring (to); to prove; to show.	58
додавати - to add; to increase.	59
дозволяти - to allow, to let.	60
допомагати - to help; to be effective; to relieve.	61
думати - to think (of, about); to believe, to suppose	62
дякувати - to thank.	63
ждати - to wait; to expect	64
жити - to live	65
забирати - to take; to impress; to capture	66
забувати - to forget	67
заходити - to go in, to come round; to call for; to go behind	68
залишати - to leave; to quit; to keep	69
змовкати - to grow silent, to fall into silence; (noise) to stop	70
запитувати - to ask; to demand; to inquire (about, of)	71
засинати - to fall asleep, to go to sleep	72
збиратися - to gather; to prepare (for); to intend (to)	73
звати - to call; to ask, to invite.	74
звертати - to turn; to turn aside (off).	75
звертатися - to apply, to appeal (to) , to address (to).	76
звикати - to get accustomed (to) , to get used (to) , to habituate oneself.	77

зводити - to put together; to reduce (to); to settle (to square) up.	78
згадувати - to recollect, to remember, to recall; to mention, to refer (to).	79
здавати - to hand over, to pass; to return; to lease, to rent.	80
здаватися - to seem, to appear, to look; to surrender.	81
збирати - to gather, to collect; to prepare, to equip.	82
зітхати - to breathe; to sigh.	83
змінювати - to change, to alter; to replace, to remove.	84
знаходити - to find; to retrieve; to discover.	85
знати - to know, to be acquainted (with).	86
зникати - to disappear, to go out of sight, to fade away.	87
знімати - to take away, to remove; to take down; to take off	88
зупиняти - to stop.	89
зустрічатися - to meet (with); to come across; to occur, to happen.	90
зустрічати - to meet, to encounter.	92
з'являтися - to appear, to arise.	93
іти - to go; to walk; to come.	95
їсти - to eat, to have a meal.	96
їхати - to drive, to ride, to go.	97
казати - to say; to tell.	98
кивати - to nod, to beckon.	99
кидати - to throw, to cast; to leave off, to drop, to give up.	100
класти - to lay, to deposit, to put, to place, to set.	101
кидатися - to throw oneself; to precipitate oneself; to dash, to rush; to pounce.	102
кликати - to call, to summon; to invite.	104
кричати - to shout, to cry out, to call out.	105
крутити - to twist, to twirl, to roll up; to turn, to wind.	106
купувати - to buy; to purchase.	107
курити - to smoke; to fumigate.	108
летіти - to fly; to hasten, to run (to drive) at full speed.	109
лишатися - to remain; to stay.	110
лізти - to climb, to clamber, to creep, to scale.	112
ловити - to catch, to hunt, to seize.	113
любити - to love; to be fond of; (подобати) to like.	114
лягати - to lie (down); to fall (on); to go to bed.	115
махати - to wave; to wag; to beat; to flap.	116
минати - to pass, to leave behind, to come to an end.	117

мовити - to say, to tell.	118
мовчати - to keep silence, to be (to keep) silent (mute), to hold one's tongue (peace).	119
могти - to be able, can; may.	120
наближатися - to approach; to draw (to come) nearer (to).	121
нагадувати - to remind (of, about); to resemble; to look like.	122
називати - to call; to give a name, to name, to denominate.	123
наказувати - to order; to command, to enjoin, to bid, to charge.	124
писати - to write.	125
нести - to carry; to bear [to go on foot and hold something, one way].	126
носити - to carry; to bear; to wear [to go on foot and hold something, outbound/round trip].	127
обіцяти - to promise, to swear.	128
озватися - to respond, to answer; to echo.	129
озиратися - to look round (about).	131
опинятися - to find oneself (in, on).	132
падати - to fall, to drop, to tumble (down).	134
пам'ятати - to remember, to keep (to bear) in mind; to mind.	135
передавати - to give over, to pass, to hand over; to transfer (to), to transmit; to communicate; to tell, to report.	136
переходити - to pass; to proceed (to); to cross; to develop (into)	137
питати - to ask, to demand, to inquire, to interrogate.	138
пити - to drink; to take; to sip.	139
підводитись - to rise, to go up, to get up, to stand up, to arise.	140
підводити - to lead up (to), to bring up (to); to raise, to lift; to disappoint, to put one in a difficult (awkward) position.	142
підходити - to approach, to come up (to), to go up (to); to suit; to match.	143
піднімати - to raise, to lift; to pick up.	144
плакати - to weep, to cry;	145
повертатися - to return, to go (to come) back; to turn, to swing (round).	146
повертати - to return, to give back; to turn (round, about) ; to swing.	148
поводити - to move.	149
повзти - to creep, to crawl; to scramble.	150
повторяти - to repeat; to iterate, to say over; to rehearse.	151
поглядати - to cast looks (on) , to look, to glance (on, upon, at) ; to look from time to time (now and then) (at).	152
подавати - to give, to present (to); to serve; to submit.	153
подобатися - to please, to like, to be liked by.	154
показувати - to show (to); to display; to set forth; to denote; to reveal, to disclose.	156

покидати - to leave; to abandon, to desert; to quit; to throw over, to forsake.	157
помирати - to die.	158
помічати - to take notice (of) , to note, to notice, to observe, to descry.	159
посміхатися - to smile.	160
починати - to begin, to start, to commence, to set up, to initiate; to launch.	162
просити - to ask, to beg; to request.	163
робити - to make; to work; to do	164
сидіти - to sit, to be seated; to be, to stay.	165
стояти - to stand; to stop, to be at (to come to) a standstill; to be, to be situated.	166

Beginning to Read Ukrainian

The Ukrainian language is a very phonetic language thus it usually is pronounced the way it appears. One of the main differences, however, is the pronunciation of soft or "palatalized" consonants, versus hard or "unpalatalized" consonants, which are differentiated by a higher tongue placement for the former instance, much in the way you would pronounce the "y" in "yellow." In written Ukrainian, palatalized consonants are marked with a "j" / ^{j} / superscript.

Consonants   **Vowels**

Ukrainian letters	International Phonetic Alphabet	English approximations
б	b	**b**oot; **b**eautiful
д	d	**d**o, **d**og
дь	dʲ	**d**ew, **d**uty
дз	d͡z	pa**ds**, han**ds**
дзь	d͡zʲ	
дж	d͡ʒ	**j**ump; ri**dge**
ф	f	**f**ool; **f**ew
ґ	g	**g**oo; a**g**ue
г	ɦ	be**h**ind, a**h**ead
й	j	**y**es, **y**et
к	k	**c**ooper, **c**ute
л	l	**l**eg, a**l**ive
ль	lʲ	**l**east, **l**eave
м	m	**m**oot, al**m**ost
мь	mʲ	**m**ute, **m**ew
н	n	**n**oon, **n**ine
нь	nʲ	**n**ew, **n**uance
п	p	**p**oo, **p**ew
р	r	a bit harder that American [r], not as rolled as Spanish [r]
рь	rʲ	

с	s	**s**oup, blo**ss**om
сь	sʲ	**s**uper, **s**ew
ш	ʃ	**sh**op, wor**sh**ip
т	t	**t**ool, au**t**umn
ть	tʲ	**t**une, la**t**itude
ц	t͡s	ca**ts**, le**t's**
ць	t͡sʲ	
ч	t͡ʃ	**ch**oose, ca**tch**
в	v	be**v**y, **v**iper
х	x	Ba**ch**, lo**ch**
з	z	**z**oo, plea**s**e
зь	zʲ	a**z**ure, pre**s**ume
ж	ʒ	mea**s**ure, gara**g**e

Ukrainian letters	International Phonetic Alphabet	English approximations
а	ɑ	f**a**ther, c**a**lm
я	jɑ	**ya**rn, **ya**rd
е	ɛ	m**e**t, h**e**lp
є	jɛ	**ye**t, **ye**llow
і	i	k**ey**, d**ee**p
ї	ji	**yie**ld, **yea**st
и	ɪ	s**i**x, b**i**t
о	ɔ	b**o**rn, n**o**rth
у	u	h**oo**k, p**u**t
ю	ju	**Eu**ro, d**u**ty,

Important Information About Ukrainian Verbs

In Ukrainian, verbs act as what English speakers recognize as the predicate of a sentence, and they function in a few different ways. They show that an activity has taken, is taking or will take place; they can reveal emotions or feelings; and they can show that someone or something is in possession of someone or something else.

Verb cases apply to either a first, second or third person, and they signify either singular or plural nouns.

Ukrainian verbs are grouped into two different types, depending on how they function:

1) Notional, which can stand alone as predicates;
2) Auxiliary (or "helping") verbs, which themselves have sub-groups: primary, modal and linking.

Ukrainian verbs are further classified based on how they are conjugated:

1) First conjugation: This class is for verbs in the third-person plural present tense, which show an indicative mood, and which end with -уть/-ють, while –и/ї- is also present in some forms.
2) Second conjugation: For verbs in the third-person plural present tense, which show an indicative mood, and which end with -ать/ять, while –и/ї- is also present in some forms.

Irregular verbs are those that follow neither the first nor second conjugational rules.

Many verbs in Ukrainian can be expressed in two ways: as imperfective, which describes something that is ongoing, a process or taking place as a habit would; and perfective, which describes an event that can be viewed as a whole, with no ongoing or interior significance.

Verbs are also classified as transitive or intransitive. Transitive verbs correlate with a direct object; in Ukrainian, that object is a noun or noun phrase. The genitive case, where a noun modifies another noun, is also possible.

Intransitive verbs have no direct object: "He walked" or "She read." The -ся ending signifies either an intransitive verbs, a reflexive or reciprocal verb or a passive verb.

Ukrainian verbs come in three tenses: present, past, and future.

1. As in English, the present tense is for actions that take place with constancy or are currently occurring. These verbs must be imperfective, and they also change to reflect first/second/third person and number.
2. The past tense, of course, is for events that occurred before the sentence was written or spoken. They can be either imperfective or perfective and must reflect gender and number.
3. For events that have not yet occurred there is the future tense. These must reflect person and number. Imperfective verbs also have two different future tenses: simple and compound. The simple imperfective is formed when the infinitive of the verb is given the addition of its corresponding endings. The compound imperfective combines the present tense of the verb бути in its proper form, along with an infinitive.

Active and passive voice are also present in Ukrainian verbs. Active voice confers "responsibility" for the verb onto the subject: "She lied to her parents." Passive voice focuses instead on the action: "Lies were told." The passive voice can be signified in three different ways: with the use of a past passive participle, with the particle -ся and with a third-person plural verb.

Ukrainian verbs also express three different moods: indicative, imperative and conditional.

    1) Indicative, as the word suggests, indicates that an event has occurred, is occurring or will occur, so it makes sense that this mood can contain the past, present and future tenses.

    2) The imperative, much like in English, suggests a command or request. Verbs should agree with "you" as a singular noun, "we," and "you" as a plural.

    3) The conditional mood operates as a way of expressing a hypothetical desire, and it can be suggested according to the present and past tenses.

Finally, in Ukrainian verbs also indicate direction. Verbs where a motion is taking place are either unidirectional — showing movement in one direction — or multidirectional, which can show a multitude of directions, as well trips back and forth.

бажати ([bɑˈʒɑtɪ] *transliteration:* bazhaty; *intransitive, imperfective verb*) – to wish, to want.
побажати ([pɑbɑˈʒɑtɪ] *transliteration:* pobazhaty; *transitive, perfective verb*) – to wish.

Examples. Друзі **побажали** їй скорішого одужання. – Friends wished her to get well soon.
Бажаю Вам всього того, що Ви мені **побажали**! – I wish you everything, what you have wished me!

		Person	Present Tense Теперішній час	Past Tense Минулий час	Future Tense Майбутній час
Singular	1	I/я	бажаю		бажатиму - побажаю
Singular	2	you/ти	бажаєш		бажатимеш - побажаєш
Singular	3	he/він she/вона it/воно	бажає	бажав - побажав бажала - побажала бажало - побажало	бажатиме - побажає
Plural	1	we/ми	бажаємо, бажаєм	бажали - побажали	бажатимемо, бажатимем – побажаємо, побажаєм
Plural	2	you/ви, Ви	бажаєте	бажали - побажали	бажатимете - побажаєте
Plural	3	they/вони	бажають	бажали - побажали	бажатимуть - побажають

Imperative (Наказовий спосіб)

Singular	Plural
бажай - побажай	бажайте, бажаймо – побажайте, побажаймо

	Present	Past
Active Participle	бажаючий	бажавший - побажавший
Passive Participle		побажаний
Transgressive	бажаючи	бажавши - побажавши

бачити (['bɑtʃɪtɪ] *transliteration:* b**a**chyty; *transitive, imperfective verb*) – to see.
побачити ([pɑ'bɑtʃɪtɪ] *transliteration:* pob**a**chyty; *transitive, perfective verb*) – to see.

Examples. **Побачимо**, що принесе нам новий день. – We'll see what a new day brings us.
Ти коли-небудь **бачив** Ейфелеву Вежу? - Have you ever seen the Eifel Tower?

		Person	Present Tense Теперішній час	Past Tense Минулий час	Future Tense Майбутній час
Singular	1	**I**/я	бачу		бачитиму - побачу
Singular	2	**you**/ти	бачиш		бачитимеш - побачиш
Singular	3	**he**/він **she**/вона **it**/воно	бачить	бачив - побачив бачила - побачила бачило - побачило	бачитиме - побачить
Plural	1	**we**/ми	бачимо, бачим	бачили - побачили	бачитимемо, бачитимем - побачимо, побачим
Plural	2	**you**/ви, Ви	бачите	бачили - побачили	бачитимете - побачите
Plural	3	**they**/вони	бачать	бачили- побачили	бачитимуть - побачать

Imperative (Наказовий спосіб)

Singular	Plural
бач - побач	бачте, бачмо – побачіть, побачмо

	Present	Past
Active Participle	бачачий	бачивший - побачивший
Passive Participle		побачений
Transgressive	бачений	бачачи - побачивши

бити (['bɪtɪ] *transliteration:* b**y**ty; *transitive, imperfective verb*) – to beat.
побити ([po'bɪtɪ] *transliteration:* pob**y**ty; *transitive, perfective verb*) – to beat.

Examples. Дощ б'є у вікно з самого ранку. – The rain has been beating against the window since the morning.
Поліцейський пообіцяв посадити його за грати, якщо він знову поб'є когось. – The policeman promised him to shut him up, if he beats somebody again.

		Person	Present Tense Теперішній час	Past Tense Минулий час	Future Tense Майбутній час
Singular	1	I/я	б'ю		битиму - поб'ю
	2	you/ти	б'єш		битимеш - поб'єш
	3	he/він she/вона it/воно	б'є	бив	битиме - поб'є
Plural	1	we/ми	б'ємо, б'єм	била	битимемо, битимем – поб'ємо, поб'єм
	2	you/ви, Ви	б'єте	било	битимете - поб'єте
	3	they/вони	б'ють	били	битимуть - поб'ють

Imperative (Наказовий спосіб)

Singular	Plural
бий - побий	бийте, биймо – побийте, побиймо

	Present	Past
Active Participle	б'ючий	бивший - побивший
Passive Participle		битий - побитий
Transgressive	б'ючи	бивши - побивши

битися (['bɪtɪsæɑ] *transliteration*: b**y**tysia; *transitive, imperfective verb*) – to fight, to beat.
побитися ([po'bɪtɪsɑ] *transliteration*: pob**y**tysia; *transitive, perfective verb*) – to fight, to beat.

Examples. Досить **битися** головою об стіну! - Stop beating your head against a wall!
Конфлікт не вирішиться, якщо ви **поб'єте** один одного. - The conflict won't get solved if you beat each other.

		Person	Present Tense Теперішній час	Past Tense Минулий час	Future Tense Майбутній час
Singular	1	I/я	б'юсь, б'юся		битимусь, битимуся - поб'юсь, поб'юся
Singular	2	you/ти	б'єшся		битимешся - поб'єшся
Singular	3	he/він she/вона it/воно	б'ється	бився, бивсь - побився, побивсь билася, билась - побилася, побилась билося, билось - побилося, побилось	битиметься - поб'ється
Plural	1	we/ми	б'ємось, б'ємося, б'ємся	билися, billись - побилися, побились	битимемося, битимемось, битимемся - поб'ємось, поб'ємося, поб'ємся
Plural	2	you/ви, Ви	б'єтесь, б'єтеся	билися, билось - побилися, побились	битиметеся, битиметесь - поб'єтесь, поб'єтеся
Plural	3	they/вони	б'ються	билися, билось - побилися, побились	битимуться - поб'ються

Imperative (Наказовий спосіб)

Singular	Plural
бийся, бийсь – побийся, побийсь	бийтесь, бийтеся, биймося, биймось – побийтесь, побийтеся, побиймося, побиймось

	Present	Past
Active Participle		бившийся - побившийся
Passive Participle		
Transgressive	б'ючись	бившись, бившися - побившись, побившися

бігти (['bihtɪ] *transliteration:* bihty; *intransitive, imperfective verb*) – to run.
прибігти ([prɪ'bihtɪ] *transliteration:* prybihty; *intransitive, perfective verb*) – to come running.

Examples. Він **біжить** значно швидше сьогодні. – He's running much faster today.
Цікаво, хто **прибіжить** першим?- I wonder who will be the first to come running?

		Person	**Present Tense** Теперішній час	**Past Tense** Минулий час	**Future Tense** Майбутній час
Singular	1	**I**/я	біжу		бігтиму - прибіжу
Singular	2	**you**/ти	біжиш		бігтимеш - прибіжиш
Singular	3	**he**/він **she**/вона **it**/воно	біжить	біг - прибіг бігла - прибігла бігло - прибігло	бігтиме - прибіжить
Plural	1	**we**/ми	біжимо, біжим	бігли – прибігли	бігтимемо, бігтимем – прибіжимо, прибіжим
Plural	2	**you**/ви, Ви	біжите	бігли – прибігли	бігтимете - прибіжите
Plural	3	**they**/вони	біжать	бігли - прибігли	бігтимуть - прибіжать

Imperative (Наказовий спосіб)

Singular	Plural
біжи - прибіжи	біжіть, біжіте, біжімо, біжім – прибіжіть, прибіжіте, прибіжімо, прибіжім

	Present	**Past**
Active Participle	біжачий	бігший - забігший
Passive Participle		
Transgressive	біжачи	бігши - забігши

боліти ([bɔlˈitɪ] *transliteration:* bolity; *intransitive, imperfective verb*) – to ache; to a pain, to hurt.
заболіти ([zabɔlˈitɪ] *transliteration:* zabolity; *intransitive, perfective verb*) – (to begin) to ache, to hurt.

Examples. **Боліти** не буде. – It won't hurt.
Їй **заболіли** ноги. – Her feet began to ache.

	Person	Present Tense Теперішній час	Past Tense Минулий час	Future Tense Майбутній час
Singular 1	I/я	болю		болітиму - заболю
Singular 2	you/ти	болиш		болітимеш - заболиш
Singular 3	he/він she/вона it/воно	болить	болів - заболів боліла - заболіла боліло - заболіло	болітиме - заболить
Plural 1	we/ми	болимо, болим	боліли - заболіли	болітимемо, болітимем - заболимо, заболим
Plural 2	you/ви, Ви	болите	боліли - заболіли	болітимете - заболите
Plural 3	they/вони	болять	боліли - заболіли	болітимуть - заболять

Imperative (Наказовий спосіб)

Singular	Plural
боли - заболи	боліть, боліте, болімо, болім – заболіть, заболіте, заболімо, заболім

	Present	Past
Active Participle	болячий	болівший - заболілий
Passive Participle		
Transgressive	болячи	болівши - заболівши

брати (['bratɪ] *transliteration:* br**a**ty; *transitive, imperfective verb*) – to take.
взяти (['vzʲatɪ] *transliteration:* vz**ia**ty; *transitive, perfective verb*) – to take.

Examples. Я не **брав** ноутбук з собою. – I didn't take my laptop with me.
Хто **взяв** ручку зі столу? – Who's taken the pen from the table?

		Person	Present Tense Теперішній час	Past Tense Минулий час	Future Tense Майбутній час
Singular	1	I/я	беру		братиму - візьму
Singular	2	you/ти	береш		братимеш - візьмеш
Singular	3	he/він she/вона it/воно	бере	брав - взяв брала - взяла брало - взяло	братиме - візьме
Plural	1	we/ми	беремо, берем	брали - взяли	братимемо, братимем - візьмемо, візьмем
Plural	2	you/ви, Ви	берете	брали - взяли	братимете - візьмете
Plural	3	they/вони	беруть	брали - взяли	братимуть - візьмуть

Imperative (Наказовий спосіб)

Singular	Plural
бери - візьми	беріть, беріте, берімо, берім – візьміть, візьміте, візьмімо, візьмім

	Present	Past
Active Participle	беручий	бравший - взявший
Passive Participle		браний - взятий
Transgressive	беручи	бравши - взявши

брех**а**ти ([brɛˈxɑtɪ] *transliteration:* brekh**a**ty; *intransitive, imperfective verb*) – to lie.
збрех**а**ти ([zbrɛˈxɑtɪ] *transliteration:* zbrekh**a**ty; *intransitive, perfective verb*) – to tell a story; to lie.

Examples. Вона постійно **брехала** мені! – She lied to me all the time!
Кандидат **збрехав** про своє минуле. – The candidate lied about his past.

		Person	Present Tense Теперішній час	Past Tense Минулий час	Future Tense Майбутній час
Singular	1	I/я	брешу		брехатиму - збрешу
Singular	2	you/ти	брешеш		брехатимеш - збрешеш
Singular	3	he/він she/вона it/воно	бреше	брехав - збрехав брехала - збрехала брехало - збрехало	брехатиме - вона збреше
Plural	1	we/ми	брешемо, брешем	брехали - збрехали	брехатимемо, брехатимем - збрешемо, збрешем
Plural	2	you/ви, Ви	брешете	брехали - збрехали	брехатимете - збрешете
Plural	3	they/вони	брешуть	брехали - збрехали	брехатимуть - збрешуть

Imperative (Наказовий спосіб)

Singular	Plural
бреши - збреши	брешіть, брешіте, брешімо, брешім – збрешіть, збрешіте, збрешімо, збрешім

	Present	Past
Active Participle	брешучий	брехавший - збрехавший
Passive Participle		
Transgressive	брешучи	брехавши - збрехавши

вбива́ти ([vbɪˈvɑtɪ] *transliteration:* vbyva**t**y; *transitive, imperfective verb*) – to kill.
вби́ти ([ˈvbɪtɪ] *transliteration:* vb**y**ty; *transitive, perfective verb*) – to kill

Examples. Не вбивай нашу надію! – Don't kill our hope!
Коли ми вб'ємо останнього кита, цей світ уже не буде таким, як завжди. – When we kill the last whale, this world won't be the same anymore.

		Person	Present Tense Теперішній час	Past Tense Минулий час	Future Tense Майбутній час
Singular	1	**I**/я	вбиваю		вбиватиму - вб'ю
Singular	2	**you**/ти	вбиваєш		вбиватимеш - вб'єш
Singular	3	**he**/він **she**/вона **it**/воно	вбиває	вбивав - вбив вбивала - вбила вбивало - вбило	вбиватиме - вб'є
Plural	1	**we**/ми	вбиваємо, вбиваєм	вбивали - вбили	вбиватимемо, вбиватимем - вб'ємо, вб'єм
Plural	2	**you**/ви, Ви	вбиваєте	вбивали – вбили	вбиватимете - вб'єте
Plural	3	**they**/вони	вбивають	вбивали - вбили	вбиватимуть - вб'ють

Imperative (Наказовий спосіб)

Singular	Plural
вбивай - вбий	вбивайте, вбиваймо – вбийте, вбиймо

	Present	Past
Active Participle	вбиваючий	вбивавший - вбивший
Passive Participle		вбиваний - вбитий
Transgressive	вбиваючи	вбивавши - вбивши

вдаря́ти ([vdɑˈrʲɑtɪ] *transliteration:* vdariaty; *transitive, imperfective verb*) – to strike, to hit.
вда́рити ([ˈvdɑrɪtɪ] *transliteration:* vdaryty; *transitive, perfective verb*) – to strike, to hit.

Examples. В тебе буде більше шансів, якщо ти вдариш першим. – You will have more chances, if you hit first.
Вони продовжували вдаряти по стіні. – They went on hitting the wall.

		Person	Present Tense Теперішній час	Past Tense Минулий час	Future Tense Майбутній час
Singular	1	I/я	вдаряю		вдарятиму - вдарю
Singular	2	you/ти	вдаряєш		вдарятимеш – вдариш
Singular	3	he/він she/вона it/воно	вдаряє	вдаряв - вдарив вдаряла - вдарила вдаряло - вдарило	вдарятиме - вдарило
Plural	1	we/ми	вдаряємо, вдаряєм	вдаряли - вдарили	вдарятимемо, вдарятимем - вдаримо, вдарим
Plural	2	you/ви, Ви	вдаряєте	вдаряли - вдарили	вдарятимете - вдарите
Plural	3	they/вони	вдаряють	вдаряли - вдарили	вдарятимуть - вдарять

Imperative (Наказовий спосіб)

Singular	Plural
вдаряй - вдар	вдаряйте, вдаряймо – вдарте, вдармо

	Present	Past
Active Participle	вдаряючий	вдарявший - вдаривший
Passive Participle		вдарений - вдарений
Transgressive	вдаряючи	вдарявши - вдаривши

вдаватися ([vdɑˈvɑtɪsʲɑ] *transliteration:* vdavatysia; *reflexive, imperfective verb*) – to succeed; to resort (to); to go into.
вдатися ([vdɑˈtɪsʲɑ] *transliteration:* vdatysia; *reflexive, perfective verb*) – to succeed; to resort (to); to go into.

Examples. Давайте не будемо **вдаватись** у подробиці. – Let's not go into details.
Їй **вдалося** закінчити звіт вчасно. – She succeeded to finish her report on time.

	Person	Present Tense Теперішній час	Past Tense Минулий час	Future Tense Майбутній час
Singular	1 I/я	вдаю		вдаватиму - вдам
Singular	2 you/ти	вдаєш		вдаватимеш - вдаси
Singular	3 he/він she/вона it/воно	вдає	вдавав - вдав вдавала - вдала вдавало - вдало	вдаватиме - вдасть
Plural	1 we/ми	вдаємо, вдаєм	вдавали - вдали	вдаватимемо, вдаватимем - вдамо
Plural	2 you/ви, Ви	вдаєте	вдавали - вдали	вдаватимете - вдасте
Plural	3 they/вони	вдають	вдавали - вдали	вдаватимуть - вдадуть

Imperative (Наказовий спосіб)

Singular	Plural
вдавай - вдай	вдавайте, вдаваймо – вдайте, вдаймо

	Present	Past
Active Participle	вдаючий	вдававший - вдавший
Passive Participle		вдаваний - вданий
Transgressive	вдаючи	вдававши - вдавши

вертати ([vɛrˈtɑtɪ] *transliteration:* vert**a**ty; *transitive, imperfective verb*) – to return, to give back; to recover.
вернути ([vɛrˈnutɪ] *transliteration:* vern**u**ty; *transitive, perfective verb*) – to return, to give back; to recover.

Examples. Коли ти вернеш мою книгу? – When will you return my book?
Не забудь подякувати йому, коли він вертатиме твій телефон. – Don't forget to thank him, when he gives your phone back.

		Person	Present Tense Теперішній час	Past Tense Минулий час	Future Tense Майбутній час
Singular	1	**I**/я	вертаю		вертатиму - верну
Singular	2	**you**/ти	вертаєш		вертатимеш - вернеш
Singular	3	**he**/він **she**/вона **it**/воно	вертає	вертав - вернув вертала - вернула вертало - вернуло	вертатиме - верне
Plural	1	**we**/ми	вертаємо, вертаєм	вертали - вернули	вертатимемо, вертатимем - вернемо, вернем
Plural	2	**you**/ви, Ви	вертаєте	вертали - вернули	вертатимете - вернете
Plural	3	**they**/вони	вертають	вертали - вернули	вертатимуть - вернуть

Imperative (Наказовий спосіб)

Singular	Plural
вертай - верни	вертайте, вертаймо – верніть, верніте, вернімо, вернім

	Present	Past
Active Participle	вертаючий	вертавший - вернувший
Passive Participle		вертаний - вернений, вернутий
Transgressive	вертаючи	вертавши - вернувши

вести ([ˈvɛstɪ] *transliteration:* v**e**sty; *transitive, imperfective verb*) – to lead, to drive.
привести ([prɪˈvɛstɪ] *transliteration:* pryv**e**sty; *transitive, perfective verb*) – to bring, to lead up.

Examples. Він вів нову машину дуже обережно. – He drove his new car very carefully.
Що привело вас сюди? — What has brought you here?

		Person	Present Tense Теперішній час	Past Tense Минулий час	Future Tense Майбутній час
Singular	1	I/я	веду		вестиму - приведу
Singular	2	you/ти	ведеш		вестимеш – приведеш
Singular	3	he/він she/вона it/воно	веде	вів - привів вела - привела вело - привело	вестиме - приведе
Plural	1	we/ми	ведемо, ведем	вели - привели	вестимемо, вестимем - приведемо, приведем
Plural	2	you/ви, Ви	ведете	вели - привели	вестимете - приведете
Plural	3	they/вони	ведуть	вели - привели	вестимуть - приведуть

Imperative (Наказовий спосіб)

Singular	Plural
веди - приведи	ведіть, ведіте, ведімо, ведім – приведіть, приведіте, приведімо, приведім

	Present	Past
Active Participle	ведучий	вівший - привівший
Passive Participle		ведений - приведений
Transgressive	ведучи	вівши - привівши

вигляд**а**ти ([vɪhlʲɑˈdɑtɪ] *transliteration:* v**y**gliad**a**ty; *intransitive, imperfective verb*) – to look out; to emerge, to peep out.
в**и**глянути ([ˈvɪhlʲɑnutɪ] *transliteration:* v**y**glianuty; *intransitive, perfective verb*) – to look out; to emerge, to peep out.

Examples. Чому б тобі не виглянути з вікна? – Why don't you look out of the window? Нарешті виглянуло сонечко. – The sun has peeped out at last.

	Person	Present Tense Теперішній час	Past Tense Минулий час	Future Tense Майбутній час
Singular	1 I/я	виглядаю		виглядатиму - вигляну
Singular	2 you/ти	виглядаєш		виглядатимеш - виглянеш
Singular	3 he/він she/вона it/воно	виглядає	виглядав - виглянув виглядала - виглянула виглядало - виглянуло	виглядатиме - вигляне
Plural	1 we/ми	виглядаємо, виглядаєм	виглядали - виглянули	виглядатимемо, виглядатимем - виглянемо, виглянем
Plural	2 you/ви, Ви	виглядаєте	виглядали - виглянули	виглядатимете - виглянете
Plural	3 they/вони	виглядають	виглядали - виглянули	виглядатимуть - виглянуть

Imperative (Наказовий спосіб)

Singular	Plural
виглядай - виглянь	виглядайте, виглядаймо – вигляньте, вигляньмо

	Present	Past
Active Participle	виглядаючий	виглядавший - виглянувший
Passive Participle		
Transgressive	виглядаючи	виглядавши - виглянувши

вигукувати ([vɪˈɦukuvɑtɪ] *transliteration:* v**yg**ukuvaty; *transitive, imperfective verb*) – to exclaim; to cry out.
в**и**гукнути ([ˈvɪɦuknutɪ] *transliteration:* v**yg**uknuty; *transitive, perfective verb*) – to exclaim; to cry out.

Examples. Хтось вигукнув її ім'я. – Somebody cried out her name.
Протестувальники вигукували свої вимоги. – The protestors exclaimed their demands.

		Person	Present Tense Теперішній час	Past Tense Минулий час	Future Tense Майбутній час
Singular	1	I/я	вигукую		вигукуватиму - вигукну
Singular	2	you/ти	вигукуєш		вигукуватимеш – вигукнеш
Singular	3	he/він she/вона it/воно	вигукує	вигукував - вигукнув вигукувала - вигукнула вигукувало - вигукнуло	вигукуватиме - вигукне
Plural	1	we/ми	вигукуємо, вигукуєм	вигукували - вигукнули	вигукуватимемо, вигукуватимем – вигукнемо, вигукнем
Plural	2	you/ви, Ви	вигукуєте	вигукували - вигукнули	вигукуватимете - вигукнете
Plural	3	they/вони	вигукують	вигукували - вигукнули	вигукуватимуть - вигукнуть

Imperative (Наказовий спосіб)

Singular	Plural
вигукуй - вигукни	вигукуйте, вигукуймо – вигукніть, вигукніте, вигукнімо, вигукнім

	Present	Past
Active Participle	вигукуючий	вигукувавший - вигукнувший
Passive Participle		вигукнутий
Transgressive	вигукуючи	вигукувавши - вигукнувши

виходити ([vɪˈxɔdɪtɪ] *transliteration:* **vyh**o**dyty**; *intransitive, imperfective verb*) – to go out, to come out.
вийти ([ˈvɪjtɪ] *transliteration:* **vy**ity; *intransitive, perfective verb*) – to go out, to come out.

Examples. Я спробував, але нічого не вийшло. – I tried, but it didn't come out.
Вони виходили один за одним. – They went out one by one.

		Person	Present Tense Теперішній час	Past Tense Минулий час	Future Tense Майбутній час
Singular	1	**I**/я	виходжу		виходитиму - вийду
Singular	2	**you**/ти	виходиш		виходитимеш - вийдеш
Singular	3	**he**/він **she**/вона **it**/воно	виходить	виходив - вийшов виходила - вийшла виходило - вийшло	виходитиме - вийде
Plural	1	**we**/ми	виходимо, виходим	виходили - вийшли	виходитимемо, виходитимем - вийдемо, вийдем
Plural	2	**you**/ви, Ви	виходите	виходили - вийшли	виходитимете - вийдете
Plural	3	**they**/вони	виходять	виходили - вийшли	виходитимуть - вийдуть

Imperative (Наказовий спосіб)

Singular	Plural
виходь - вийди	виходьте, виходьмо – вийдіть, вийдіте, вийдімо, вийдім

	Present	Past
Active Participle	виходячий	виходивший - вийшовший
Passive Participle		
Transgressive	виходячи	виходивши - вийшовши

викликати ([vɪklɪˈkɑtɪ] *transliteration:* **vy**klyk**a**ty; *transitive, imperfective verb*) – to call; to challenge; to provoke.
в**и**кликати ([ˈvɪklɪkɑtɪ] *transliteration:* **vy**klyk**a**ty; *transitive, perfective verb*) – to call; to challenge; to provoke.

Examples. Викличте, будь ласка, лікаря. – Call the doctor, please.
Свіже повітря завжди викликає апетит. – Fresh air always provokes the appetite.

	Person	Present Tense Теперішній час	Past Tense Минулий час	Future Tense Майбутній час
Singular	1 I/я	викликаю		викликатиму - викличу
Singular	2 you/ти	викликаєш		викликатимеш - викличеш
Singular	3 he/він she/вона it/воно	викликає	викликав - викликав викликала - викликала викликало- викликало	викликатиме - викличе
Plural	1 we/ми	викликаємо, викликаєм	викликали - викликали	викликатимемо, викликатимем - викличемо, викличем
Plural	2 you/ви, Ви	викликаєте	викликали - викликали	викликатимете - викличете
Plural	3 they/вони	викликають	викликали - викликали	викликатимуть - викличуть

Imperative (Наказовий спосіб)

Singular	Plural
викликай - виклич	викликайте, викликаймо – викличте, вичлимо

	Present	Past
Active Participle	викликаючий	викликавший - викликавший
Passive Participle		викликаний - викликаний
Transgressive	викликаючи	викликавши - викликавши

вирішувати ([vɪˈrɪʃuvɑtɪ] *transliteration:* vyrishuvaty; *transitive, imperfective verb*) – to decide; to solve.
ви́рішити ([ˈvɪrɪʃɪtɪ] *transliteration:* vyrishyty; *transitive, perfective verb*) – to decide; to solve.

Examples. Це не вирішує питання. — This does not settle the question.
Ми вирішили їхати. — We decided to go.

		Person	Present Tense Теперішній час	Past Tense Минулий час	Future Tense Майбутній час
Singular	1	I/я	вирішую		вирішуватиму - вирішу
	2	you/ти	вирішуєш		вирішуватимеш - вирішиш
	3	he/він she/вона it/воно	вирішує	вирішував - вирішив вирішувала - вирішила вирішувало - вирішило	вирішуватиме - вирішить
Plural	1	we/ми	вирішуємо, вирішуєм	вирішували - вирішили	вирішуватимемо, вирішуватимем – вирішимо, вирішим
	2	you/ви, Ви	вирішуєте	вирішували - вирішили	вирішуватимете - вирішите
	3	they/вони	вирішують	вирішували - вирішили	вирішуватимуть - вирішать

Imperative (Наказовий спосіб)

Singular	Plural
вирішуй - виріши	вирішуйте, вирішуймо – вирішіть, вирішіте, вирішімо, вирішім

	Present	Past
Active Participle	вирішуючий	вирішувавший - вирішивший
Passive Participle		вирішуваний - вирішений
Transgressive	вирішуючи	вирішувавши - вирішивши

вискакувати ([vɪsˈkakuvatɪ] *transliteration:* v**y**sk**a**kuvaty; *intransitive, imperfective verb*) – to jump out, to leap out; to spring out.
в**и**скочити ([ˈvɪskɔtʃɪtɪ] *transliteration:* v**y**skochyty; *intransitive, perfective verb*) – to jump out, to leap out; to spring out.

Examples. Сигнал тривоги змусив його вискочити з ліжка. – The alarm made him jump out of his bed.
Собака вискочив просто нізвідкіля. – The dog just sprang out of nowhere.

		Person	Present Tense Теперішній час	Past Tense Минулий час	Future Tense Майбутній час
Singular	1	I/я	вискакую		вискакуватиму - вискочу
Singular	2	you/ти	вискакуєш		вискакуватимеш - вискочиш
Singular	3	he/він she/вона it/воно	вискакує	вискакував - вискочив вискакувала - вискочила вискакувало - вискочило	вискакуватиме - вискочить
Plural	1	we/ми	вискакуємо, вискакуєм	вискакували - вискочили	вискакуватимемо, вискакуватимем – вискочимо, вискочим
Plural	2	you/ви, Ви	вискакуєте	вискакували - вискочили	вискакуватимете - вискочите
Plural	3	they/вони	вискакують	вискакували - вискочили	вискакуватимуть - вискочать

Imperative (Наказовий спосіб)

Singular	Plural
вискакуй - вискоч	вискакуйте, вискакуймо – вискочіть, вискочмо

	Present	Past
Active Participle	вискакуючий	вискакувавший - вискочивший
Passive Participle		
Transgressive	вискакуючи	вискакувавши - вискочивши

витр**и**мувати ([vɪtˈrɪmuvɑtɪ] *transliteration:* vyt**ry**muvaty; *transitive, imperfective verb*) – to bear, to stand; to keep up, to hold.
в**и**тримати ([ˈvɪtrɪmɑtɪ] *transliteration:* **vy**trymaty; *transitive, perfective verb*) – to bear, to stand; to keep up, to hold.

Examples. Він не витримає й тижня. – He won't stand it for more than a week.
Головне – це витримати темп. – The main thing is to keep up the pace.

	Person	Present Tense Теперішній час	Past Tense Минулий час	Future Tense Майбутній час
Singular	1 I/я	витримую		витримуватиму - витримаю
Singular	2 **you**/ти	витримуєш		витримуватимеш - витримаєш
Singular	3 **he**/він **she**/вона **it**/воно	витримує	витримував - витримав витримувала - витримала витримувало - витримало	витримуватиме - витримає
Plural	1 **we**/ми	витримуємо, витримуєм	витримували - витримали	витримуватимемо, витримуватимем – витримаємо, витримаєм
Plural	2 **you**/ви, Ви	витримуєте	витримували - витримали	витримуватимете - витримаєте
Plural	3 **they**/вони	витримують	витримували - витримали	витримуватимуть - витримають

Imperative (Наказовий спосіб)

Singular	Plural
витримуй - витримай	витримуйте, витримуймо – витримайте, витримаймо

	Present	Past
Active Participle	витримуючий	витримувавший - витримавший
Passive Participle		витримуваний - витриманий
Transgressive	витримуючи	витримувавши - витримавши

витягати ([vɪtʲɑˈhɑtɪ] *transliteration:* v**y**tiag**a**ty; *transitive, imperfective verb*) – to draw out, to pull out; to extend, to stretch out.
витягти ([ˈvɪtʲɑhtɪ] *transliteration:* **vy**tiagty; *transitive, perfective verb*) – to draw out, to pull out; to extend, to stretch out.

Examples. Спробуйте витягати повільно. – Try to pull it out slowly.
Він витягав карти одну за одною. – He drew out the cards one by one.

		Person	Present Tense Теперішній час	Past Tense Минулий час	Future Tense Майбутній час
Singular	1	I/я	витягаю		витягатиму - витягну
Singular	2	you/ти	витягаєш		витягатимеш - витягнеш
Singular	3	he/він she/вона it/воно	витягає	витягав - витягну витягала - витягнула витягало - витягнуло	витягатиме - витягне
Plural	1	we/ми	витягаємо, витягаєм	витягали - витягнули	витягатимемо, витягатимем - витягнемо, витягнем
Plural	2	you/ви, Ви	витягаєте	витягали - витягнули	витягатимете - витягнете
Plural	3	they/вони	витягають	витягали - витягнули	витягатимуть - витягнуть

Imperative (Наказовий спосіб)

Singular	Plural
витягай - витягни	витягайте, витягаймо – витягніть, витягніте, витягнімо, витягнім

	Present	Past
Active Participle	витягаючий	витягавший - витяглий
Passive Participle		витяганий – витягнений, витягнутий
Transgressive	витягаючи	витягавши - витягнувши

виявлятися ([vɪjɑvˈlʲɑtɪsʲɑ] *transliteration:* **vy**iav**lia**tysia; *reflexive, imperfective verb*) – to be revealed; to turn out (to be).
виявитися ([ˈvɪjɑvɪtɪsʲɑ] *transliteration:* **vy**iavytysia; *reflexive, perfective verb*) – to be revealed; to turn out (to be).

Examples. Вона виявилася вельми компетентним фахівцем. — She proved to be very competent expert.
Виявилося, що це підробка. — It turned out that it was a fake.

		Person	Present Tense Теперішній час	Past Tense Минулий час	Future Tense Майбутній час
Singular	1	I/я	виявляюся		виявлятимуся - виявлюся
Singular	2	you/ти	виявляєшся		виявлятимешся - виявишся
Singular	3	he/він she/вона it/воно	виявляється	виявлявся - виявився виявлялася - виявилася виявлялося - виявилося	виявлятиметься - виявиться
Plural	1	we/ми	виявляємося, виявляємся	виявлялися - виявилися	виявлятимемося, виявлятимемся - виявимося, виявимся
Plural	2	you/ви, Ви	виявляєтесь	виявлялися - виявилися	виявлятиметеся - виявитеся
Plural	3	they/вони	виявляються	виявлялися - виявилися	виявлятимуться - виявляться

Imperative (Наказовий спосіб)

Singular	Plural
виявляйся - виявися	виявляйтеся, виявляймося – виявіться, виявітеся, виявімося, виявімся

	Present	Past
Active Participle	виявляючийся	виявлявшийся - виявившийся
Passive Participle		
Transgressive	виявляючися	

відбув**а**тися ([vidbuˈvɑtɪsʲɑ] *transliteration:* vidbuv**a**tysia; *intransitive, imperfective verb*) – to happen, to take place, to occur.
відб**у**тися ([vidˈbutɪsʲɑ] *transliteration:* vidb**u**tysia; *intransitive, perfective verb*) – to happen, to take place, to occur.

Examples. Фестиваль відбудеться в травні. – The festival will take place in June.
Що там відбувалося, коли я пішов? – What happened there after I left?

		Person	Present Tense Теперішній час	Past Tense Минулий час	Future Tense Майбутній час
Singular	1	I/я	відбуваюсь, відбуваюся		відбуватимусь, відбуватимуся - відбудусь, відбудуся
Singular	2	you/ти	відбуваєшся		відбуватимешся - відбудешся
Singular	3	he/він she/вона it/воно	відбувається	відбувався, відбувавсь - відбувся, *відбувсь відбувалася, відбувалас - відбулася, відбулась відбувалося, відбувалось- відбулося, відбулось	відбуватиметься - відбудеться
Plural	1	we/ми	відбуваємось, відбуваємося, *відбуваємся	відбувалися, відбувались - відбулися, відбулись	відбуватимемося, відбуватимемось, відбуватимемся – відбудемось, відбудемося, *відбудемся
Plural	2	you/ви, Ви	відбуваєтесь, відбуваєтеся	відбувалися, відбувались - відбулися, відбулись	відбуватиметеся, відбуватиметесь – відбудетесь, відбудетеся
Plural	3	they/вони	відбуваються	відбувалися, відбувались - відбулися, відбулись	відбуватимуться - відбудуться

Imperative (Наказовий спосіб)

Singular	Plural
відбувайся, *відбувайсь - відбудься	відбувайтесь, відбувайтеся, відбуваймося, відбуваймось – відбудьтесь, відбудьтеся, відбудьмося, відбудьмось

	Present	Past
Active Participle		відбувавшийся - відбувшийся
Passive Participle		
Transgressive	відбуваючись	відбувавшись - відбувшись

віддавати ([vidɑˈvɑtɪ] *transliteration:* viddavaty; *transitive, imperfective verb*) – to give back, to return; to devote.
віддати ([viˈdɑtɪ] *transliteration:* viddaty; *transitive, perfective verb*) – to give back, to return; to devote.

Examples. Він відмовлявся віддавати їй гроші. – He refused to give back her money.
Ти хочеш віддати своє життя математиці? – Do you want to devote your life to maths?

		Person	Present Tense Теперішній час	Past Tense Минулий час	Future Tense Майбутній час
Singular	1	I/я	віддаю		віддаватиму - віддам
Singular	2	you/ти	віддаєш		віддаватимеш - віддаси
Singular	3	he/він she/вона it/воно	віддає	віддавав - віддав віддавала - віддала віддавало - віддало	віддаватиме - віддасть
Plural	1	we/ми	віддаємо, віддаєм	віддавали - віддали	віддаватимемо, віддаватимем - віддамо
Plural	2	you/ви, Ви	віддаєте	віддавали - віддали	віддаватимете - віддасте
Plural	3	they/вони	віддають	віддавали - віддали	віддаватимуть - віддадуть

Imperative (Наказовий спосіб)

Singular	Plural
віддавай - віддай	віддавайте, віддаваймо – віддайте, віддаймо

	Present	Past
Active Participle	віддаючий	віддававший - віддавший
Passive Participle		віддаваний - відданий
Transgressive	віддаючи	віддававши - віддавши

відкривати ([vidkrɪˈvɑtɪ] *transliteration:* vidkryvaty; *transitive, imperfective verb*) – to open; to reveal; to turn on.
відкрити ([vidˈkrɪtɪ] *transliteration:* vidkryty; *transitive, perfective verb*) – to open; to reveal; to turn on.

Examples. Було б простіше, вони відкрили свої наміри. – It would be easier if they revealed their intentions.
Відкрий, будь ласка, воду. – Turn on the tap, please.

		Person	Present Tense Теперішній час	Past Tense Минулий час	Future Tense Майбутній час
Singular	1	I/я	відкриваю		відкриватиму - відкрию
Singular	2	you/ти	відкриваєш		відкриватимеш - відкриєш
Singular	3	he/він she/вона it/воно	відкриває	відкривав - відкрив відкривала - відкрила відкривало - відкрило	відкриватиме - відкриє
Plural	1	we/ми	відкриваємо, відкриваєм	відкривали - відкрили	відкриватимемо, відкриватимем – відкриємо, відкриєм
Plural	2	you/ви, Ви	відкриваєте	відкривали - відкрили	відкриватимете - відкриєте
Plural	3	they/вони	відкривають	відкривали - відкрили	відкриватимуть - відкриють

Imperative (Наказовий спосіб)

Singular	Plural
відкривай - відкрий	відкривайте, відкриваймо – відкрийте, відкриймо

	Present	Past
Active Participle	відкриваючий	відкривавший - відкривший
Passive Participle		відкриваний - відкритий
Transgressive	відкриваючи	відкривавши - відкривши

відповід**а**ти ([vidpɔviˈdɑtɪ] *transliteration:* vidpovid**a**ty; *intransitive, imperfective verb*) – to answer, to reply.
відпов**і**сти ([vidpɔˈvistɪ] *transliteration:* vidpov**i**sty; *intransitive, perfective verb*) – to answer, to reply.

Examples. Я написав їй листа, але вона так і не відповіла. – I wrote her a letter, but she never replied.
Ти відповіси на моє запитання? – Will you answer my question?

		Person	Present Tense Теперішній час	Past Tense Минулий час	Future Tense Майбутній час
Singular	1	I/я	відповідаю		відповідатиму - відповім
Singular	2	**you**/ти	відповідаєш		відповідатимеш - відповіси
Singular	3	**he**/він **she**/вона **it**/воно	відповідає	відповідав - відповів відповідала - відповіла відповідало - відповіло	відповідатиме - відповість
Plural	1	**we**/ми	відповідаємо, відповідаєм	відповідали - відповіли	відповідатимемо, відповідатимем – відповімо
Plural	2	**you**/ви, Ви	відповідаєте	відповідали - відповіли	відповідатимете - відповісте
Plural	3	**they**/вони	відповідають	відповідали - відповіли	відповідатимуть - відповідять

Imperative (Наказовий спосіб)

Singular	Plural
відповідай – відповідай	відповідайте, відповідаймо – відповідайте, відповідаймо

	Present	Past
Active Participle	відповідаючий	відповідавший - відповівший
Passive Participle		відповіданий - відповіданий
Transgressive	відповідаючи	відповідавши - відповівши

відчув**а**ти ([vidtʃuˈvɑtɪ] *transliteration:* vidchuv**a**ty; *transitive, imperfective verb*) – to feel, to sense.
відч**у**ти ([vidˈtʃutɪ] *transliteration:* vidch**u**ty; *transitive, perfective verb*) – to feel, to sense.

Examples. Вона відчула, що щось не так. – She felt that something was wrong.
Що ти відчуваєш, коли чуєш цю пісню? – What do you feel when you hear this song?

		Person	Present Tense Теперішній час	Past Tense Минулий час	Future Tense Майбутній час
Singular	1	I/я	відчуваю		відчуватиму - відчую
	2	you/ти	відчуваєш		відчуватимеш - відчуєш
	3	he/він she/вона it/воно	відчуває	відчував - відчув відчувала - відчула відчувало - відчуло	відчуватиме - відчує
Plural	1	we/ми	відчуваємо, відчуваєм	відчували - відчули	відчуватимемо, відчуватимем - відчуємо, відчуєм
	2	you/ви, Ви	відчуваєте	відчували - відчули	відчуватимете - відчуєте
	3	they/вони	відчувають	відчували - відчули	відчуватимуть - відчують

Imperative (Наказовий спосіб)

Singular	Plural
відчувай - відчуй	відчувайте, відчуваймо – відчуйте, відчуймо

	Present	Past
Active Participle	відчуваючий	відчувавший - відчувший
Passive Participle		відчуваний - відчутий
Transgressive	відчуваючи	відчувавши - відчувши

вірити ([ˈvirɪtɪ] *transliteration:* viryty; *intransitive, imperfective verb*) – to believe; to trust
повірити ([pɔˈvirɪtɪ] *transliteration:* poviryty; *intransitive, perfective verb*) – to believe; to credit.

Examples. Хто би міг повірити? — Who would have believed it?
Я б не вірив жодному слову. – I wouldn't believe a word.

	Person	Present Tense Теперішній час	Past Tense Минулий час	Future Tense Майбутній час
Singular	1 I/я	вірю		віритиму - повірю
Singular	2 you/ти	віриш		віритимеш - повіриш
Singular	3 he/він she/вона it/воно	вірить	вірив - повірив вірила - повірила вірило - повірило	віритиме - повірить
Plural	1 we/ми	віримо, вірим	вірили - повірили	віритимемо, віритимем - повіримо, повірим
Plural	2 you/ви, Ви	вірите	вірили - повірили	віритимете - повірите
Plural	3 they/вони	вірять	вірили - повірили	віритимуть - повірять

Imperative (Наказовий спосіб)

Singular	Plural
вір - повір	вірте, вірмо – повірте, повірмо

	Present	Past
Active Participle	вірячий	вірівший - повірівший
Passive Participle		
Transgressive	вірячи	вірівши - повірівши

вод**и**ти ([vɔˈdɪtɪ] *transliteration:* vod**y**ty; *transitive, imperfective verb*) – to lead; to conduct; to drive.
прив**о**дити ([prɪˈvɔdɪtɪ] *transliteration:* pryv**o**dyty; *transitive, perfective verb*) – to bring, to lead up.

Examples. Що привело вас сюди? — What has brought you here?
Коли ти почав водити автомобіль. – When have you started to drive the car?

		Person	Present Tense Теперішній час	Past Tense Минулий час	Future Tense Майбутній час
Singular	1	I/я	воджу		водитиму - приводжу
Singular	2	you/ти	водиш		водитимеш - приводиш
Singular	3	he/він she/вона it/воно	водить	водив - приводив водила - приводила водило - приводило	водитиме - приводить
Plural	1	we/ми	водимо, водим	водили - приводили	водитимемо, водитимем - приводимо, приводим
Plural	2	you/ви, Ви	водите	водили - приводили	водитимете - приводите
Plural	3	they/вони	водять	водили - приводили	водитимуть - приводять

Imperative (Наказовий спосіб)

Singular	Plural
води - приводь	водіть, водіте, водімо, водім – приводьте, приводьмо

	Present	Past
Active Participle	водячий	водивший - приводивший
Passive Participle		воджений - приводжений
Transgressive	водячи	водивши - приводивши

впізнавати ([vpizna'vatɪ] *transliteration:* vpiznavaty; *transitive, imperfective verb*) – to recognize.
впізнати ([vpiz'natɪ] *transliteration:* vpiznaty; *transitive, perfective verb*) – to recognize.

Examples. Ви впізнаєте цю людину на фото? – Do you recognize this man on the picture? Боюся, вона не впізнає мене за стільки років. – I'm afraid she won't recognize me after all these years.

	Person	Present Tense Теперішній час	Past Tense Минулий час	Future Tense Майбутній час
Singular	1 I/я	впізнаю		впізнаватиму - впізнаю
Singular	2 you/ти	впізнаєш		впізнаватимеш - впізнаєш
Singular	3 he/він she/вона it/воно	впізнає	впізнавав - впізнав впізнавала - впізнала впізнавало - впізнало	впізнаватиме - впізнає
Plural	1 we/ми	впізнаємо, впізнаєм	впізнавали - впізнали	впізнаватимемо, впізнаватимем – впізнаємо, впізнаєм
Plural	2 you/ви, Ви	впізнаєте	впізнавали - впізнали	впізнаватимете - впізнаєте
Plural	3 they/вони	впізнають	впізнавали - впізнали	впізнаватимуть - впізнають

Imperative (Наказовий спосіб)

Singular	Plural
впізнавай - впізнай	впізнавайте, впізнаваймо – впізнайте, впізнаймо

	Present	Past
Active Participle	впізнаючий	впізнававший - впізнавший
Passive Participle		впізнаваний - впізнаний
Transgressive	впізнаючи	впізнававши - впізнавши

вставати ([vstɑˈvɑtɪ] *transliteration:* vstavaty; *intransitive, imperfective verb*) – to get up, to rise; to stand up.
встати ([ˈvstɑtɪ] *transliteration:* vstaty; *intransitive, perfective verb*) – to get up, to rise; to stand up.

Examples. Коли ти зазвичай встаєш? – When do you usually get up?
Коли викладач увійшов до аудиторії, всі студенти встали. – When the teacher entered the classroom, all the students stood up.

		Person	Present Tense Теперішній час	Past Tense Минулий час	Future Tense Майбутній час
Singular	1	I/я	встаю		вставатиму - встану
Singular	2	you/ти	встаєш		вставатимеш - встанеш
Singular	3	he/він she/вона it/воно	встає	вставав - встав вставала - встала вставало - встало	вставатиме - встане
Plural	1	we/ми	встаємо, встаєм	вставали - встали	вставатимемо, вставатимем - встанемо, встанем
Plural	2	you/ви, Ви	встаєте	вставали - встали	вставатимете - встанете
Plural	3	they/вони	встають	вставали - встали	вставатимуть - встануть

Imperative (Наказовий спосіб)

Singular	Plural
вставай - встань	вставайте, вставаймо – встаньте, встаньмо

	Present	Past
Active Participle	встаючий	встававший - вставший
Passive Participle		
Transgressive	встаючи	встававши - вставши

встиг**а**ти ([vstɪˈɦɑtɪ] *transliteration:* vstygaty; *intransitive, imperfective verb*) – to have time, to come (to be) in time; to succeed (in), to progress.
встиг**н**ути ([ˈvstɪɦnutɪ] *transliteration:* vstygnuty; *intransitive, perfective verb*) – to have time, to come (to be) in time; to succeed (in), to progress.

Examples. Ти завжди встигаєш зробити ранкову зарядку? – Do you always have time to do your morning exercises?
Він встиг закінчити проект раніше. – He succeeded to finish the project earlier.

		Person	Present Tense Теперішній час	Past Tense Минулий час	Future Tense Майбутній час
Singular	1	I/я	встигаю		встигатиму - встигну
Singular	2	**you**/ти	встигаєш		встигатимеш - встигнеш
Singular	3	**he**/він **she**/вона **it**/воно	встигає	встигав - встигнув встигала - встигнула встигало - встигнуло	встигатиме - встигне
Plural	1	**we**/ми	встигаємо, встигаєм	встигали - встигнули	встигатимемо, встигатимем - встигнемо, встигнем
Plural	2	**you**/ви, Ви	встигаєте	встигали - встигнули	встигатимете - встигнете
Plural	3	**they**/вони	встигають	встигали - встигнули	встигатимуть - встигнуть

Imperative (Наказовий спосіб)

Singular	Plural
встигай - встигни	встигайте, встигаймо – встигніть, встигніте, встигнімо, встигнім

	Present	Past
Active Participle	встигаючий	встигавший - встигнувший
Passive Participle		
Transgressive	встигаючи	встигавши - встигнувши

втік**ати** ([vtiˈkɑtɪ] *transliteration:* vtik**a**ty; *intransitive, imperfective verb*) – to run off, to run away, to make away, to flee.
втек**ти** ([vtɛkˈtɪ] *transliteration:* vtekt**y**; *intransitive, perfective verb*) – to run off, to run away, to make away, to flee.

Examples. Грабіжникам вдалося втекти. – The robbers managed to run away.
Коли ти зайнятий, час втекає швидше. – When you are busy, the time runs off faster.

		Person	Present Tense Теперішній час	Past Tense Минулий час	Future Tense Майбутній час
Singular	1	I/я	втікаю		втікатиму - втечу
Singular	2	you/ти	втікаєш		втікатимеш - втечеш
Singular	3	he/він she/вона it/воно	втікає	втікав - втік втікала - втекла втікало - втекло	втікатиме - втече
Plural	1	we/ми	втікаємо, втікаєм	втікали - втекли	втікатимемо, втікатимем - втечемо, втечем
Plural	2	you/ви, Ви	втікаєте	втікали - втекли	втікатимете - втечете
Plural	3	they/вони	втікають	втікали - втекли	втікатимуть - втечуть

Imperative (Наказовий спосіб)

Singular	Plural
втікай - втечи	втікайте, втікаймо – втечіть, втечіте, втечімо, втечім

	Present	Past
Active Participle	втікаючий	втікавший - втікший
Passive Participle		
Transgressive	втікаючи	втікавши - втікши

втрачати ([vtrɑˈt͡ʃɑtɪ] *transliteration:* vtrach**a**ty; *transitive, imperfective verb*) – to lose; to waste; to shed; to give up.
втратити ([ˈvtrɑtɪtɪ] *transliteration:* vtr**a**tyty; *transitive, perfective verb*) – to lose; to waste; to shed; to give up.

Examples. Солдати були переможені, але вони не втратили мужності. – The soldiers were defeated, but they never lost their hearts.
Я гадаю, ти просто втрачаєш свій час. – I think you're just wasting your time.

	Person	Present Tense Теперішній час	Past Tense Минулий час	Future Tense Майбутній час
Singular 1	I/я	втрачаю		втрачатиму - втрачу
2	**you**/ти	втрачаєш		втрачатимеш - втратиш
3	**he**/він **she**/вона **it**/воно	втрачає	втрачав - втратив втрачала - втратила втрачало - втратило	втрачатиме - втратить
Plural 1	**we**/ми	втрачаємо, втрачаєм	втрачали - втратили	втрачатимемо, втрачатимем - втратимо, втратим
2	**you**/ви, Ви	втрачаєте	втрачали - втратили	втрачатимете - втратите
3	**they**/вони	втрачають	втрачали - втратили	втрачатимуть - втратять

Imperative (Наказовий спосіб)

Singular	Plural
втрачай - втрать	втрачайте, втрачаймо – втратьте, втратьмо

	Present	Past
Active Participle	втрачаючий	втрачавший - втративший
Passive Participle		втрачений - втрачений
Transgressive	втрачаючи	втрачавши - втративши

гинути (['ɦɪnutɪ] *transliteration:* g**y**nuty; *intransitive, imperfective verb*) – to perish, to be lost, to go to ruin.
загинути ([zɑˈɦɪnutɪ] *transliteration:* zag**y**nuty; *intransitive, perfective verb*) – to perish, to be lost, to go to ruin.

Examples. Нащастя, ніхто не загинув. – Luckily nobody has perished.
В наші дні люди все менше гинуть на морі. – Nowadays people perish less in shipwrecks.

	Person	Present Tense Теперішній час	Past Tense Минулий час	Future Tense Майбутній час
Singular	1 I/я	гину		гинутиму - загину
Singular	2 you/ти	гинеш		гинутимеш - загинеш
Singular	3 he/він she/вона it/воно	гине	гинув - загинув гинула - загинула гинуло - загинуло	гинутиме - загине
Plural	1 we/ми	гинемо, гинем	гинули - загинули	гинутимемо, гинутимем - загинемо, загинем
Plural	2 you/ви, Ви	гинете	гинули - загинули	гинутимете - загинете
Plural	3 they/вони	гинуть	гинули - загинули	гинутимуть - загинуть

Imperative (Наказовий спосіб)

Singular	Plural
гинь - загинь	гиньте, гиньмо – загиньте, загиньмо

	Present	Past
Active Participle	гинучий	гинувший - загинувший
Passive Participle		
Transgressive	гинучи	гинувши - загинувши

глядіти ([ɦlʲɑˈdɪtɪ] *transliteration:* gliad**i**ty; *intransitive, imperfective verb*) – to look.
глянути ([ˈɦlʲɑnʊtɪ] *transliteration:* gli**a**nuty; *intransitive, perfective verb*) – to look (at), to throw a glance (at).

Examples. Я глядів на цю людину, та не міг її впізнати. – I look at this man and I can't recognize him.
Хлопець з гордістю глянув на брата. – The boy looked at his brother proudly.

	Person	Present Tense Теперішній час	Past Tense Минулий час	Future Tense Майбутній час
Singular 1	I/я	гляджу		глядітиму - гляну
Singular 2	you/ти	глядиш		глядітимеш - глянеш
Singular 3	he/він she/вона it/воно	глядить	глядів - глянув гляділа - глянула гляділо - глянуло	глядітиме - гляне
Plural 1	we/ми	глядимо, глядим	гляділи - глянули	глядітимемо, глядітимем - глянемо, глянем
Plural 2	you/ви, Ви	глядите	гляділи - глянули	глядітимете - глянете
Plural 3	they/вони	глядять	гляділи - глянули	глядітимуть - глянуть

Imperative (Наказовий спосіб)

Singular	Plural
гляди - глянь	глядіть, глядіте, глядімо, глядім – гляньте, гляньмо

	Present	Past
Active Participle	глядячий	глядівший - глянувший
Passive Participle		гляджений
Transgressive	глядячи	глядівши - глянувши

гнати (['ɦnɑtɪ] *transliteration:* gnaty; *transitive, imperfective verb*) – to drive, to ride hard.
пригнати ([prɪˈɦnɑtɪ] *transliteration:* prygnaty; *transitive, perfective verb*) – to drive in, to bring home.

Examples. Він гнав коня щодуху. – He rode the horse hard.
Було важко пригнати це теля додому. – It was hard to bring that calf home.

		Person	Present Tense Теперішній час	Past Tense Минулий час	Future Tense Майбутній час
Singular	1	I/я	жену		гнатиму - пржену
Singular	2	you/ти	женеш		гнатимеш - приженеш
Singular	3	he/він she/вона it/воно	жене	гнав - пригнав гнала - пригнала гнало - пригнало	гнатиме - пржене
Plural	1	we/ми	женемо, женем	гнали - пригнали	гнатимемо, гнатимем - приженемо, приженем
Plural	2	you/ви, Ви	женете	гнали - пригнали	гнатимете - приженете
Plural	3	they/вони	женуть	гнали - пригнали	гнатимуть - приженуть

Imperative (Наказовий спосіб)

Singular	Plural
жени - пржени	женіть, женіте,женімо, женім – приженіть, приженіте, приженімо, приженім

	Present	Past
Active Participle	женучий	гнавший - пригнавший
Passive Participle		гнаний - пригнаний
Transgressive	женучи	гнавши - пригнавши

говор**и**ти ([hɔvɔˈrɪtɪ] *transliteration:* govor**y**ty; *transitive, imperfective verb*) – to speak, to talk; to say, to tell.
сказ**а**ти ([skɑˈzɑtɪ] *transliteration:* skaz**a**ty; *transitive, perfective verb*) – to say; to tell.

Examples. Він сказав, як зробити це швидше. – He told me how to do it faster.
Ти можеш говорити мені правду. – You may tell me the truth.

		Person	Present Tense Теперішній час	Past Tense Минулий час	Future Tense Майбутній час
Singular	1	I/я	говорю		говоритиму - скажу
	2	you/ти	говориш		говоритимеш - скажеш
	3	he/він she/вона it/воно	говорить	говорив - сказав говорила - сказала говорило - сказало	говоритиме - скаже
Plural	1	we/ми	говоримо, говорим	говорили - сказали	говоритимемо, говоритимем - скажемо, скажем
	2	you/ви, Ви	говорите	говорили - сказали	говоритимете - скажете
	3	they/вони	говорять	говорили - сказали	говоритимуть - скажуть

Imperative (Наказовий спосіб)

Singular	Plural
говори - скажи	говоріть, говоріте, говорімо, говорім – скажіть, скажіте, скажімо, скажім

	Present	Past
Active Participle	говорячий	говоривший - сказавший
Passive Participle		говорений - сказаний
Transgressive	говорячи	говоривши - сказавши

горіти ([ɦɔˈritɪ] *transliteration:* gority; *intransitive, imperfective verb*) – to burn.
згоріти ([zɦɔˈritɪ] *transliteration:* zgority; *intransitive, perfective verb*) – to burn out (away, down), to be burnt down.

Examples. Дивись, фабрик горить! – Look, the plant is on fire!
На жаль, все згоріло. – Unfortunately everything has burnt down.

		Person	**Present Tense** Теперішній час	**Past Tense** Минулий час	**Future Tense** Майбутній час
Singular	1	**I**/я	горю		горітиму - згорю
Singular	2	**you**/ти	гориш		горітимеш - згориш
Singular	3	**he**/він **she**/вона **it**/воно	горить	горів - згорів горіла - згоріла горіло - згоріло	горітиме - згорить
Plural	1	**we**/ми	горимо, горим	горіли - згоріли	горітимемо, горітимем - згоримо, згорим
Plural	2	**you**/ви, Ви	горите	горіли - згоріли	горітимете - згорите
Plural	3	**they**/вони	горять	горіли - згоріли	горітимуть - згорять

Imperative (Наказовий спосіб)

Singular	Plural
гори - згори	горіть, горіте, горімо, горім – згоріть, згоріте, згорімо, згорім

	Present	Past
Active Participle	горячий	горілий - згорілий
Passive Participle		
Transgressive	горячи	горівши - згорівши

гра́ти ([ˈɦrɑtɪ] *transliteration:* graty; *intransitive, imperfective verb*) – to play (at, on) ; to have a game; to act.
зігра́ти ([zi ˈɦrɑtɪ] *transliteration:* zigraty; *intransitive, perfective verb*) – to play; to act, to perform.

Examples. Хто грав головну роль? – Who played the main part?
Вона зіграла сьогодні якнайкраще. – She performed at her best today.

	Person	Present Tense Теперішній час	Past Tense Минулий час	Future Tense Майбутній час
Singular 1	I/я	граю		гратиму - зіграю
Singular 2	you/ти	граєш		гратимеш - зіграєш
Singular 3	he/він she/вона it/воно	грає	грав - зіграв грала - зіграла грало - зіграло	гратиме - зіграє
Plural 1	we/ми	граємо, граєм	грали - зіграли	гратимемо, гратимем - зіграємо, зіграєм
Plural 2	you/ви, Ви	граєте	грали - зіграли	гратимете - зіграєте
Plural 3	they/вони	грають	грали - зіграли	гратимуть - зіграють

Imperative (Наказовий спосіб)

Singular	Plural
грай - зіграй	грайте, граймо – зіграйте, зграймо

	Present	Past
Active Participle	граючий	гравший - зігравший
Passive Participle		зіграний
Transgressive	граючи	гравши - зігравши

гук**а**ти ([ɦuˈkɑtɪ] *transliteration:* guk**a**ty; *transitive, imperfective verb*) – to hail, to call; to whoop.
гукн**у**ти ([ɦuˈknutɪ] *transliteration:* gukn**u**ty; *transitive, perfective verb*) – to hail, to call; to whoop.

Examples. Як довго ти його вже гукаєш? – How long have you been calling him? Здається, хтось гукнув тебе. – I think somebody has called you.

		Person	Present Tense Теперішній час	Past Tense Минулий час	Future Tense Майбутній час
Singular	1	I/я	гукаю		гукатиму - гукну
Singular	2	**you**/ти	гукаєш		гукатимеш - гукнеш
Singular	3	**he**/він **she**/вона **it**/воно	гукає	гукав - гукнув гукала - гукнула гукало - гукнуло	гукатиме - гукне
Plural	1	**we**/ми	гукаємо, гукаєм	гукали - гукнули	гукатимемо, гукатимем - гукнемо, гукнем
Plural	2	**you**/ви, Ви	гукаєте	гукали - гукнули	гукатимете - гукнете
Plural	3	**they**/вони	гукають	гукали - гукнули	гукатимуть - гукнуть

Imperative (Наказовий спосіб)

Singular	Plural
гукай - гукни	гукайте, гукаймо – гукніть, гукніте, гукнімо, гукнім

	Present	Past
Active Participle	гукаючий	гукавший - гукнувший
Passive Participle		гуканий
Transgressive	гукаючи	гукавши - гукнувши

да**ва**ти ([dɑˈvɑtɪ] *transliteration:* d**av**ati; *transitive, imperfective verb*) – to give; to let, to allow.
д**а**ти ([ˈdɑtɪ] *transliteration:* d**a**ty; *transitive, perfective verb*) – to give; to let, to allow.

Examples. Він дав нам своє слово. – He gave us his word.
Скільки грошей давали тобі батьки, коли ти був школярем. – How much money did your parents give you when you were a schoolboy?

		Person	Present Tense Теперішній час	Past Tense Минулий час	Future Tense Майбутній час
Singular	1	I/я	даю		даватиму - дам
Singular	2	you/ти	даєш		даватимеш - даси
Singular	3	he/він she/вона it/воно	дає	давав - дав давала - дала давало - дало	даватиме - дасть
Plural	1	we/ми	даємо, даєм	давали - дали	даватимемо, даватимем - дамо
Plural	2	you/ви, Ви	даєте	давали - дали	даватимете - дасте
Plural	3	they/вони	дають	давали - дали	даватимуть - дадуть

Imperative (Наказовий спосіб)

Singular	Plural
давай - дай	давайте, даваймо – дайте, даймо

	Present	Past
Active Participle	даючий	дававший - давший
Passive Participle		даваний - даний
Transgressive	даючи	дававши - давши

дивитися ([dɪˈvɪtɪsʲɑ] *transliteration:* dyvytysia; *intransitive, imperfective verb*) – to look (at, in, into); to stare; to see.
подивитися ([podɪˈvɪtɪsʲɑ] *transliteration:* podyvytysia; *intransitive, perfective verb*) – to look at; to have (to take) a look at; to watch.

Examples. Ти порадив би подивитись цей фільм? – Would you recommend to watch this movie?
Кіт підозріло дивився на мене. – The cat was staring at me suspiciously.

	Person	**Present Tense** Теперішній час	**Past Tense** Минулий час	**Future Tense** Майбутній час
Singular	1 I/я	дивлюсь, дивлюся		дивитимусь, дивитимуся - подивлюсь, подивлюся
Singular	2 you/ти	дивишся		дивилася, дивилась - подивишся
Singular	3 he/він she/вона it/воно	дивиться	дивився, *дививсь - подивився, *подививсь дивилася, дивилась - подивилася, подивилась дивилося, дивилось - подивилося, подивилось	дивилося, дивилось - подивиться
Plural	1 we/ми	дивимось, дивимося, *дивимся	дивилися, дивились - подивилися, подивились	дивитимемося, дивитимемось, дивитимемся – подивимось, подивимося, *подивимся
Plural	2 you/ви, Ви	дивитесь, дивитеся	дивилися, дивились - подивилися, подивились	дивитиметеся, дивитиметесь - подивитесь, подивитеся
Plural	3 they/вони	дивляться	дивилися, дивились - подивилися, подивились	дивитимуться - подивляться

Imperative (Наказовий спосіб)

Singular	Plural
дивись, дивися – подивись, подивися	дивіться, дивітесь, *дивітеся, дивімося, дивімось – подивіться, подивітесь, *подивітеся подивімося, подивімось

	Present	Past
Active Participle		дивившийся - подивившийся
Passive Participle		
Transgressive	дивлячись	дивившись - подивившись

дивува́тися ([dɪvuˈvɑtɪsʲɑ] *transliteration:* dyvuv**a**tysia; *reflexive, imperfective verb*) – to be astonished (surprised), to wonder, to marvel.
здивува́тися ([zdɪvuˈvɑtɪsʲɑ] *transliteration:* zdyvuv**a**tysia; *reflexive, perfective verb*) – to be astonished (surprised), to wonder, to marvel.

Examples. Я здивувався, почувши цю новину. – I was astonished when I heard this news.
Чому ти так дивуєшся? – Why are you so surprised?

		Person	Present Tense Теперішній час	Past Tense Минулий час	Future Tense Майбутній час
Singular	1	I/я	дивуюся		дивуватимуся - здивуюся
Singular	2	you/ти	дивуєшся		дивуватимешся - здивуєшся
Singular	3	he/він she/вона it/воно	дивується	дивувався - здивувався дивувалася - здивувалася дивувалося - здивувалося	дивуватиметься - здивується
Plural	1	we/ми	дивуємося, дивуємся	дивувалися - здивувалися	дивуватимемося, дивуватимемся - здивуємося, здивуємся
Plural	2	you/ви, Ви	дивуєтеся	дивувалися - здивувалися	дивуватиметеся - здивуєтеся
Plural	3	they/вони	дивуються	дивувалися - здивувалися	дивуватимуться - здивуються

Imperative (Наказовий спосіб)

Singular	Plural
дивуйся - здивуйся	дивуйтеся, дивуймося – здивуйтеся, здивуймося

	Present	Past
Active Participle		дивувавшийся - здивувавшийся
Passive Participle		
Transgressive	дивуючись	дивувавшися - здивувавшися

дихати (['dɪxɑtɪ] *transliteration:* **dy**khaty; *intransitive, imperfective verb*) – to breathe, to respire.
вдихнути ([vdɪ'xnutɪ] *transliteration:* vdykhn**u**ty; *transitive, perfective verb*) – to inhale, to breathe in, to imbibe.

Examples. Вона вдихнула свіже повітря, та відчула себе значно краще. – She inhaled the fresh air and felt much better.
Тобі було б добре дихати морським повітрям. – It would be good for you if you breathe the sea air.

		Person	Present Tense Теперішній час	Past Tense Минулий час	Future Tense Майбутній час
Singular	1	**I**/я	дишу		дихатиму - вдихну
Singular	2	**you**/ти	дишеш		дихатимеш - вдихнеш
Singular	3	**he**/він **she**/вона **it**/воно	дише	дихав - вдихнув дихала - вдихнула дихало - вдихнуло	дихатиме - вдихне
Plural	1	**we**/ми	дишемо, дишем	дихали – вдихнули	дихатимемо, дихатимем – вдихнемо, вдихнем
Plural	2	**you**/ви, Ви	дишете	дихали – вдихнули	дихатимете - вдихнете
Plural	3	**they**/вони	дишуть	дихали - вдихнули	дихатимуть - вдихнуть

Imperative (Наказовий спосіб)

Singular	Plural
диши - вдихни	дишіть, дишіте, дишімо, дишім – вдихнімо, вдихніть

	Present	Past
Active Participle	дишучий	дихавший
Passive Participle		
Transgressive	дишучи	дихавши - вдихнувши

дізнаватися ([dɪznɑˈvɑtɪsʲɑ] *transliteration:* diznavatysia; *transitive, imperfective verb*) – to learn, to get to know, to hear; to find out.
дізнатися ([dɪzˈnɑtɪsʲɑ] *transliteration:* diznatysia; *transitive, perfective verb*) – to learn, to get to know, to hear; to find out.

Examples. Звідки він дізнався? – How did he get to know?
В неї звичка кожного дня дізнаватися щось нове. – She's got a habit to learn something new everyday.

		Person	Present Tense Теперішній час	Past Tense Минулий час	Future Tense Майбутній час
Singular	1	I/я	дізнаюсь, дізнаюся		дізнаватимусь, дізнаватимуся - дізнаюсь, дізнаюся
	2	you/ти	дізнаєшся		дізнаватимешся - дізнаєшся
	3	he/він she/вона it/воно	дізнається	дізнавався, *дізнавався - дізнався, *дізнавсь дізнавалася,дізнавалась - дізналася, дізналась дізнавалося,дізнавалось - дізналося, дізналось	дізнаватиметься - дізнається
Plural	1	we/ми	дізнаємось, дізнаємося, *дізнаємся	дізнавалися, дізнавались – дізналися, дізнались	дізнаватимемося, дізнаватимемось, дізнаватимемся – дізнаємось, дізнаємося, *дізнаємся
	2	you/ви, Ви	дізнаєтесь, дізнаєтеся	дізнавалися, дізнавались – дізналися, дізнались	дізнаватиметеся, дізнаватиметесь – дізнаєтесь, дізнаєтеся
	3	they/вони	дізнаються	дізнавалися, дізнавались – дізналися, дізнались	дізнаватимуться - дізнаються

Imperative (Наказовий спосіб)

Singular	Plural
дізнавайся, дізнавайсь - дізнайся, дізнайсь	дізнавайтесь, дізнавайтеся, дізнаваймося, дізнаваймось – дізнайтесь, дізнайтеся, дізнаймося, дізнаймось

	Present	Past
Active Participle		дізнававшийся - дізнавшийся
Passive Participle		
Transgressive	дізнаючись	дізнававшись - дізнавшись

доходити ([dɔˈxɔdɪtɪ] *transliteration:* dokh**o**dyty; *intransitive, imperfective verb*) – to reach, to go, to walk (up, to); to come (at, to, up).
дійт**и** ([dijˈtɪ] *transliteration:* di**i**ty; *intransitive, perfective verb*) – to reach, to go, to walk (up, to); to come (at, to, up).

Examples. Ти дійдеш до дому пішки, чи тебе підвезти? – Will you walk home or will you need a ride?
Ти коли-небудь доходив до того пагорбу? – Have you ever reached that hill?

		Person	Present Tense Теперішній час	Past Tense Минулий час	Future Tense Майбутній час
Singular	1	I/я	доходжу		доходитиму - дійду
Singular	2	you/ти	доходиш		доходитимеш - дійдеш
Singular	3	he/він she/вона it/воно	доходить	доходив - дійшов доходила - дійшла доходило - дійшло	доходитиме - дійде
Plural	1	we/ми	доходимо, доходим	доходили - дійшли	доходитимемо, доходитимем - дійдемо, дійдем
Plural	2	you/ви, Ви	доходите	доходили - дійшли	доходитимете - дійдете
Plural	3	they/вони	доходять	доходили - дійшли	доходитимуть - дійдуть

Imperative (Наказовий спосіб)

Singular	Plural
доходь - дійди	доходьте, доходьмо – дійдіть, дійдіте, дійдімо, дійдім

	Present	Past
Active Participle	доходячий	доходивший - дійшовший
Passive Participle		
Transgressive	доходячи	доходивши - дійшовши

діставати ([dista'vatɪ] *transliteration:* distav**a**ty; *transitive, imperfective verb*) – to fetch; to take out; to get (out of); to touch, to reach.
діст**а**ти ([dis'tatɪ] *transliteration:* dist**a**ty; *transitive, perfective verb*) – to fetch; to take out; to get (out of); to touch, to reach.

Examples. Де ти дістала цю гарну сукню? – Where did you get this beautiful dress?
Я не часто дістаю свій пістолет. – I don't often take out my gun.

		Person	Present Tense Теперішній час	Past Tense Минулий час	Future Tense Майбутній час
Singular	1	I/я	дістаю		діставатиму - дістану
Singular	2	you/ти	дістаєш		діставатимеш - дістанеш
Singular	3	he/він she/вона it/воно	дістає	діставав - дістав діставала - дістала діставало - дістало	діставатиме - дістане
Plural	1	we/ми	дістаємо, дістаєм	діставали - дістали	діставатимемо, діставатимем - дістанемо, дістанем
Plural	2	you/ви, Ви	дістаєте	діставали - дістали	діставатимете - дістанете
Plural	3	they/вони	дістають	діставали - дістали	діставатимуть - дістануть

Imperative (Наказовий спосіб)

Singular	Plural
діставай - дістань	діставайте, діставаймо – дістаньте, дістаньмо

	Present	Past
Active Participle	дістаючий	дістававший - діставший
Passive Participle		діставаний - дістаний
Transgressive	дістаючи	дістававши - діставши

діва́ти ([dɪˈvɑtɪ] *transliteration:* div**a**ty; *transitive, imperfective verb*) – to put, to do (with).
ді́ти ([ˈdɪtɪ] *transliteration:* d**i**ty; *transitive, perfective verb*) – to put, to do (with).

Examples. Вони не знають, куди діва́ти свої гроші. — They don't know what to do with their money.
Куди ти діла мої ключі? – Where did you get my keys?

		Person	Present Tense Теперішній час	Past Tense Минулий час	Future Tense Майбутній час
Singular	1	I/я	діваю		діватиму - діну
Singular	2	you/ти	діваєш		діватимеш - дінеш
Singular	3	he/він she/вона it/воно	діває	дівав - дів дівала - діла дівало - діло	діватиме - дінеш
Plural	1	we/ми	діваємо, діваєм	дівали - діли	діватимемо, діватимем - дінемо, дінем
Plural	2	you/ви, Ви	діваєте	дівали - діли	діватимете - дінете
Plural	3	they/вони	дівають	дівали - діли	діватимуть - дінуть

Imperative (Наказовий спосіб)

Singular	Plural
дівай - дінь	дівайте, діваймо – діньте, діньмо

	Present	Past
Active Participle	діваючий	дівавший - дівший
Passive Participle		діваний
Transgressive	діваючи	дівавши - дівши

діяти (['dijɑtɪ] *transliteration:* diiaty; *intransitive, imperfective verb*) – to act; to operate; to work; to influence.
вдіяти (['vdijɑtɪ] *transliteration:* vdiiaty; *intransitive, perfective verb*) – to do.

Examples. Тут нічого не вдієш. — There is nothing to be done here.
Ми закінчемо сьогодні, якщо діятимемо енергійно. – We'll finish today if we work with a will.

		Person	Present Tense Теперішній час	Past Tense Минулий час	Future Tense Майбутній час
Singular	1	I/я	дію		діятиму - вдію
Singular	2	you/ти	дієш		діятимеш - вдієш
Singular	3	he/він she/вона it/воно	діє	діяв - вдіяв діяла - вдіяла діяло - вдіяло	діятиме - вдіє
Plural	1	we/ми	діємо, дієм	діяли - вдіяли	діятимемо, діятимем – вдіємо, вдієм
Plural	2	you/ви, Ви	дієте	діяли - вдіяли	діятимете - вдієте
Plural	3	they/вони	діють	діяли - вдіяли	діятимуть - вдіють

Imperative (Наказовий спосіб)

Singular	Plural
дій - вдій	дійте, діймо – вдійте, вдіймо

	Present	Past
Active Participle	діючий	діявший - вдіявший
Passive Participle		
Transgressive	діючи	діявши - вдіявши

доводитись ([dɔˈvɔdɪtsʲɪ] *transliteration:* dov**o**dytys; *intransitive, imperfective verb*) – to have to; to fall to the lot (of); to happen (to).
довестися ([dɔˈvɛstɪsʲɪ] *transliteration:* dov**e**stysia; *intransitive, perfective verb*) – to have to; to fall to the lot (of); to happen (to).

Examples. Їй довелося поїхати. — She had to leave.
Мені доводилося зустрічатися з ними. — I have met them on occasions.

		Person	Present Tense Теперішній час	Past Tense Минулий час	Future Tense Майбутній час
Singular	1	I/я	доводжу		доводитиму – доведусь, доведуся
Singular	2	you/ти	доводиш		доводитимеш - доведешся
Singular	3	he/він she/вона it/воно	доводить	доводив – довівся, *довівсь доводила – довелася, довелась доводило – довелося, довелось	доводитиме - доведеться
Plural	1	we/ми	доводимо, доводим	доводили – довелися, довелись	доводитимемо, доводитимем – доведемось, доведемося, *доведемся
Plural	2	you/ви, Ви	доводите	доводили – довелися, довелись	доводитимете – доведетесь, доведетеся
Plural	3	they/вони	доводять	доводили – довелися, довелись	доводитимуть - доведуться

Imperative (Наказовий спосіб)

Singular	Plural
доводь - доведись, доведися	доводьте, доводьмо – доведіться, доведітесь, *доведітеся доведімося, доведімось

	Present	Past
Active Participle	доводячий	доводивший - довівшийся
Passive Participle		доводжений
Transgressive	доводячи	доводивши - довівшись

дов**о**дити ([dɔˈvɔdɪtɪ] *transliteration:* dov**o**dyty; *transitive, imperfective verb*) – to lead, to bring (to); to prove; to show.
дов**е**сти ([dɔˈvɛstɪ] *transliteration:* dov**e**sty; *transitive, perfective verb*) – to lead, to bring (to); to prove; to show.

Examples. Вона довела, що дійсно хоче вступити до цього університета. – She proved that she really wanted to enter that university.
Ця дорога доведе вас до центру міста. – This road will lead you to the city center.

		Person	Present Tense Теперішній час	Past Tense Минулий час	Future Tense Майбутній час
Singular	1	I/я	доводжу		доводитиму - доведу
Singular	2	you/ти	доводиш		доводитимеш - доведеш
Singular	3	he/він she/вона it/воно	доводить	доводив - довів доводила - довела доводило - довело	доводитиме - доведе
Plural	1	we/ми	доводимо, доводим	доводили - довели	доводитимемо, доводитимем - доведемо, доведем
Plural	2	you/ви, Ви	доводите	доводили - довели	доводитимете - доведете
Plural	3	they/вони	доводять	доводили - довели	доводитимуть - доведуть

Imperative (Наказовий спосіб)

Singular	Plural
доводь - доведи	доводьте, доводьмо – доведіть, доведіте, доведімо, доведім

	Present	Past
Active Participle	доводячий	доводивший - довівший
Passive Participle		доводжений - доведений
Transgressive	доводячи	доводивши - довівши

додав**а**ти ([dɔdɑˈvɑtɪ] *transliteration:* dodav**a**ty; *transitive, imperfective verb*) – to add; to increase.
дод**а**ти ([dɔˈdɑtɪ] *transliteration:* dod**a**ty; *transitive, perfective verb*) – to add; to increase.

Examples. Додайте, будь ласка, ще трохи молока. – Will you add some more milk please?
Він додає забагато цукру в пироги. – He adds too much sugar to his cakes.

	Person	Present Tense Теперішній час	Past Tense Минулий час	Future Tense Майбутній час
Singular	1 I/я	додаю		додаватиму - додам
Singular	2 you/ти	додаєш		додаватимеш - додаси
Singular	3 he/він she/вона it/воно	додає	додавав - додав додавала - додала додавало - додало	додаватиме - додасть
Plural	1 we/ми	додаємо, додаєм	додавали - додали	додаватимемо, додаватимем - додамо
Plural	2 you/ви, Ви	додаєте	додавали - додали	додаватимете - додасте
Plural	3 they/вони	додають	додавали - додали	додаватимуть - додадуть

Imperative (Наказовий спосіб)

Singular	Plural
додавай - додай	додавайте, додаваймо – додайте, додаймо

	Present	Past
Active Participle	додаючий	додававший - додавший
Passive Participle		додаваний - доданий
Transgressive	додаючи	додававши - додавши

дозволяти ([dɔzvɔˈlʲatɪ] *transliteration:* **dozvoliaty**; *transitive, imperfective verb*) – to allow, to let.
дозволити ([dɔzˈvɔlɪtɪ] *transliteration:* **dozvolyty**; *transitive, perfective verb*) – to allow, to let.

Examples. Я дозволяю тобі користуватися моїми книжками, якщо ти будеш обережним. – I'll let you use my books if you're careful.
Чому ви дозволяєте дітям вертатися до дому так пізно? – Why do you allow your children to come home so late?

		Person	Present Tense Теперішній час	Past Tense Минулий час	Future Tense Майбутній час
Singular	1	**I**/я	дозволяю		дозволятиму - дозволю
Singular	2	**you**/ти	дозволяєш		дозволятимеш - дозволиш
Singular	3	**he**/він **she**/вона **it**/воно	дозволяє	дозволяв - дозволив дозволяла - дозволила дозволяло - дозволило	дозволятиме - дозволить
Plural	1	**we**/ми	дозволяємо, дозволяєм	дозволяли - дозволили	дозволятимемо, дозволятимем - дозволимо, дозволим
Plural	2	**you**/ви, Ви	дозволяєте	дозволяли - дозволили	дозволятимете - дозволите
Plural	3	**they**/вони	дозволяють	дозволяли - дозволили	дозволятимуть - дозволять

Imperative (Наказовий спосіб)

Singular	Plural
дозволяй - дозволь	дозволяйте, дозволяймо – дозвольте, дозвольмо

	Present	Past
Active Participle	дозволяючий	дозволявший - дозволивший
Passive Participle		дозволений - дозволений
Transgressive	дозволяючи	дозволявши - дозволивши

допомагати ([dɔpɔmɑˈɦɑtɪ] *transliteration:* dopomah**a**ty; *intransitive, imperfective verb*) – to help; to be effective; to relieve.
допомогт**и** ([dɔpɔmɔˈɦtɪ] *transliteration:* dopomoht**y**; *intransitive, perfective verb*) – to help; to be effective; to relieve.

Examples. Раніше ці ліки допомагали мені, але зараз – ні. – This medicine used to help me, but now it doesn't.
Як я можу вам допомогти? – How can I help you?

	Person	Present Tense Теперішній час	Past Tense Минулий час	Future Tense Майбутній час
Singular	1 I/я	допомагаю		допомагатиму - допоможу
Singular	2 **you**/ти	допомагаєш		допомагатимеш - допоможеш
Singular	3 **he**/він **she**/вона **it**/воно	допомагає	допомагав - допоміг допомагала - допомогла допомагало - допомогло	допомагатиме - допоможе
Plural	1 **we**/ми	допомагаємо, допомагаєм	допомагали - допомогли	допомагатимемо, допомагатимем – допоможемо, допоможем
Plural	2 **you**/ви, Ви	допомагаєте	допомагали - допомогли	допомагатимете - допоможете
Plural	3 **they**/вони	допомагають	допомагали - допомогли	допомагатимуть - допоможуть

Imperative (Наказовий спосіб)

Singular	Plural
допомагай - допоможи	допомагайте, допомагаймо – допоможіть, допоможіте допоможімо, допоможім

	Present	Past
Active Participle	допомагаючий	допомагавший - допомігший
Passive Participle		
Transgressive	допомагаючи	допомагавши - допомігши

думати ([ˈdumɑtɪ] *transliteration:* d**u**maty; *intransitive, imperfective verb*) – to think (of, about); to believe, to suppose.
подумати ([pɔˈdumɑtɪ] *transliteration:* pod**u**maty; *intransitive, perfective verb*) – to think (of, about), to consider.

Examples. Хто б міг подумати? – Who would have thought?
Ти забагато думаєш. – You think too much.

		Person	Present Tense Теперішній час	Past Tense Минулий час	Future Tense Майбутній час
Singular	1	I/я	думаю		думатиму - подумаю
	2	**you**/ти	думаєш		думатимеш - подумаєш
	3	**he**/він **she**/вона **it**/воно	думає	думав - подумав думала - подумала думало - подумало	думатиме - подумає
Plural	1	**we**/ми	думаємо, думаєм	думали - подумали	думатимемо, думатимем - подумаємо, подумаєм
	2	**you**/ви, Ви	думаєте	думали - подумали	думатимете - подумаєте
	3	**they**/вони	думають	думали - подумали	думатимуть - подумають

Imperative (Наказовий спосіб)

Singular	Plural
думай - подумай	думайте, думаймо – подумайте, подумаймо

	Present	Past
Active Participle	думаючий	думавший - подумавший
Passive Participle		
Transgressive	думаючи	думавши - подумавши

дякувати ([ˈdʲakuvatɪ] *transliteration:* d**ia**kuvaty; *intransitive, imperfective verb*) – to thank.
подякувати ([pɔˈdʲakuvatɪ] *transliteration:* pod**ia**kuvaty; *intransitive, perfective verb*) – to thank.

Examples. Вона подякувала йому за чудовий вечір. – She thanked him for a nice evening.
За що ти йому дякуєш? – What do you thank him for?

		Person	Present Tense Теперішній час	Past Tense Минулий час	Future Tense Майбутній час
Singular	1	I/я	дякую		дякуватиму - подякую
Singular	2	you/ти	дякуєш		дякуватимеш - подякуєш
Singular	3	he/він she/вона it/воно	дякує	дякував - подякував дякувала - подякувала дякувало - подякувало	дякуватиме - подякує
Plural	1	we/ми	дякуємо, дякуєм	дякували - подякували	дякуватимемо, дякуватимем - подякуємо, подякуєм
Plural	2	you/ви, Ви	дякуєте	дякували - подякували	дякуватимете - подякуєте
Plural	3	they/вони	дякують	дякували - подякували	дякуватимуть - подякують

Imperative (Наказовий спосіб)

Singular	Plural
дякуй - подякуй	дякуйте, дякуймо – подякуйте, подякуймо

	Present	Past
Active Participle	дякуючий	дякувавший - подякувавший
Passive Participle		
Transgressive	дякуючи	дякувавши - подякувавши

ждати (['ʒdɑtɪ] *transliteration:* zdaty; *transitive, imperfective verb*) – to wait; to expect, діждатися ([diʒ'dɑtɪsʲɑ] *transliteration:* dizhdatysia; *reflexive, perfective verb*) – to wait (for); to expect.

Examples. Ти ждеш дзвінка? – Are you expecting a call?
Нарешті я діждався листа. — I have received a letter at last.

		Person	Present Tense Теперішній час	Past Tense Минулий час	Future Tense Майбутній час
Singular	1	I/я	жду		ждатиму - діждуся
Singular	2	you/ти	ждеш		ждатимеш – діждешся
Singular	3	he/він she/вона it/воно	жде	ждав - діждався ждала - діждалася ждало – діждалося	ждатиме – діждеться
Plural	1	we/ми	ждемо, ждем	ждали – діждалися	ждатимемо, ждатимем - діждемося, діждемся
Plural	2	you/ви, Ви	ждете	ждали – діждалися	ждатимете - діждетеся
Plural	3	they/вони	ждуть	ждали - діждалися	ждатимуть - діждуться

Imperative (Наказовий спосіб)

Singular	Plural
жди - діждися	ждіть, ждіте, ждімо, ждім – діждіться, діждімося, діждімся

	Present	Past
Active Participle	ждучий	ждавший - діждавшийся
Passive Participle		жданий
Transgressive	ждучи	ждавши - діждавшися

жити (['ʒɪtɪ] *transliteration:* zhyty; *intransitive, imperfective verb*) – to live
прожити ([prɔ'ʒɪtɪ] *transliteration:* prozhyty; *intransitive, perfective verb*) – to live, to dwell, to reside.

Examples. Вона проживає за кордоном. — She resides abroad.
Він живе окремо? – Does he live by himself?

		Person	Present Tense Теперішній час	Past Tense Минулий час	Future Tense Майбутній час
Singular	1	I/я	живу		житиму - проживу
Singular	2	you/ти	живеш		житимеш - проживеш
Singular	3	he/він she/вона it/воно	живе	жив - прожив жила - прожила жило - прожило	житиме - проживе
Plural	1	we/ми	живемо, живем	жили - прожили	житимемо, житимем - проживемо, проживем
Plural	2	you/ви, Ви	живете	жили - прожили	житимете - проживете
Plural	3	they/вони	живуть	жили - прожили	житимуть - проживуть

Imperative (Наказовий спосіб)

Singular	Plural
живи - прожи́ви	живіть, живіте, живімо, живім – проживіть, проживіте, проживімо, проживім

	Present	Past
Active Participle	живучий	живший - прожилий
Passive Participle		прожитий
Transgressive	живучи	живши - проживши

забирати ([zɑbɪˈrɑtɪ] *transliteration:* zabyraty; *transitive, imperfective verb*) – to take; to impress; to capture.
забрати ([zɑbˈrɑtɪ] *transliteration:* zabraty; *transitive, perfective verb*) – to take; to impress; to capture.

Examples. Заберіть це, будь ласка. – Take it away, please.
Завжди він забирає з собою мої ключі! – He's always taking my keys with him!

		Person	Present Tense Теперішній час	Past Tense Минулий час	Future Tense Майбутній час
Singular	1	I/я	забираю		забиратиму - заберу
Singular	2	you/ти	забираєш		забиратимеш - забереш
Singular	3	he/він she/вона it/воно	забирає	забирав - забрав забирала - забрала забирало - забрало	забиратиме - забере
Plural	1	we/ми	забираємо, забираєм	забирали - забрали	забиратимемо, забиратимем - заберемо, заберем
Plural	2	you/ви, Ви	забираєте	забирали - забрали	забиратимете - заберете
Plural	3	they/вони	забирають	забирали - забрали	забиратимуть - заберуть

Imperative (Наказовий спосіб)

Singular	Plural
забирай - забери	забирайте, забираймо - заберіть, заберіте, заберімо, заберім

	Present	Past
Active Participle	забираючий	забиравший - забравший
Passive Participle		забираний - забраний
Transgressive	забираючи	забиравши - забравши

забува́ти ([zɑbuˈvɑtɪ] *transliteration:* zabuv**a**ty; *transitive, imperfective verb*) – to forget.
забу́ти ([zɑˈbutɪ] *transliteration:* zab**u**ty; *transitive, perfective verb*) – to forget.

Examples. Я завжди забуваю полити квіти. – I always forget to water the flowers.
Вона ледь не забула зателефонувати. – She has nearly forgotten to make a call.

		Person	Present Tense Теперішній час	Past Tense Минулий час	Future Tense Майбутній час
Singular	1	I/я	забуваю		забуватиму - забуду
Singular	2	you/ти	забуваєш		забуватимеш - забудеш
Singular	3	he/він she/вона it/воно	забуває	забував - забув забувала - забула забувало - забуло	забуватиме - забуде
Plural	1	we/ми	забуваємо, забуваєм	забували - забули	забуватимемо, забуватимем - забудемо, забудем
Plural	2	you/ви, Ви	забуваєте	забували - забули	забуватимете - забудете
Plural	3	they/вони	забувають	забували - забули	забуватимуть - забудуть

Imperative (Наказовий спосіб)

Singular	Plural
забувай - забудь	забувайте, забуваймо – забудьте, забудьмо

	Present	Past
Active Participle	забуваючий	забувавший - забувший
Passive Participle		забуваний - забутий
Transgressive	забуваючи	забувавши - забувши

заходити ([zɑˈxɔdɪtɪ] *transliteration:* zakh**o**dyty; *intransitive, imperfective verb*) – to go in, to come round; to call for; to go behind.
зайти ([zɑˈjtɪ] *transliteration:* za**i**ty; *intransitive, perfective verb*) – to go in, to come round; to call for; to go behind.

Examples. Зайдеш сьогодні? – Will you come around today?
Кожного разу, коли вона в місті, вона заходить. – Every time she's in town, she drops in.

	Person	Present Tense Теперішній час	Past Tense Минулий час	Future Tense Майбутній час
Singular 1	I/я	заходжу		заходжу - зайду
Singular 2	you/ти	заходиш		заходиш - зайдеш
Singular 3	he/він she/вона it/воно	заходить	заходив - зайшов заходила - зайшла заходило - зайшло	заходить - зайде
Plural 1	we/ми	заходимо	заходили - зайшли	заходимо, заходим – зайдемо, зайдем
Plural 2	you/ви, Ви	заходите	заходили - зайшли	заходите - зайдете
Plural 3	they/вони	заходять	заходили - зайшли	заходять - зайдуть

Imperative (Наказовий спосіб)

Singular	Plural
заходь - зайди	заходьте, заходьмо – зайдіть, зайдіте, зайдімо, зайдім

	Present	Past
Active Participle		заходивший - зайшовший
Passive Participle		заходжений
Transgressive	заходячи	заходивши - зайшовши

залишати ([zɑlɪˈʃɑtɪ] *transliteration:* zalyshaty; *transitive, imperfective verb*) – to leave; to quit; to keep.
залишити ([zɑˈlɪʃɪtɪ] *transliteration:* zalyshyty; *transitive, perfective verb*) – to leave; to quit; to keep.

Examples. Чому ти хочеш залишити роботу? – Why do you want to quit your job?
Вона не залишає вибору. – She leaves no choice.

		Person	Present Tense Теперішній час	Past Tense Минулий час	Future Tense Майбутній час
Singular	1	I/я	залишаю		залишатиму - залишу
Singular	2	you/ти	залишаєш		залишатимеш - залишиш
Singular	3	he/він she/вона it/воно	залишає	залишав - залишив залишала - залишила залишало - залишило	залишатиме - залишить
Plural	1	we/ми	залишаємо, залишаєм	залишали - залишили	залишатимемо, залишатимем - залишимо, залишим
Plural	2	you/ви, Ви	залишаєте	залишали - залишили	залишатимете - залишите
Plural	3	they/вони	залишають	залишали - залишили	залишатимуть - залишать

Imperative (Наказовий спосіб)

Singular	Plural
залишай - залиш	залишайте, залишаймо – залиште, залишмо

	Present	Past
Active Participle	залишаючий	залишаючий - залишивший
Passive Participle		залишений - залишений
Transgressive	залишаючи	залишавши - залишивши

змовк**а**ти ([zɑmɔˈvkɑtɪ] *transliteration:* zamovk**a**ty; *intransitive, imperfective verb*) – to grow silent, to fall into silence; (noise) to stop.
зам**о**вкнути ([zɑˈmɔvknutɪ] *transliteration:* zam**o**vknuty; *intransitive, perfective verb*) – to grow silent, to fall into silence; (noise) to stop.

Examples. Цей звук не замовкає й вночі. – This noise doesn't stop even at night! Публіка замовкла, коли він почав читати вірша. – The audience got silent when he started reading the poem.

	Person		Present Tense Теперішній час	Past Tense Минулий час	Future Tense Майбутній час
Singular	1	I/я	змовкаю		змовкатиму - замовкну
	2	you/ти	змовкаєш		змовкатимеш - замовкнеш
	3	he/він she/вона it/воно	змовкає	змовкав – замовкнув, замовк змовкала – замовкнула, замовкла змовкало – замовкнуло, замовкло	змовкатиме - замовкне
Plural	1	we/ми	змовкаємо, змовкаєм	змовкали – замовкнули, замовкли	змовкатимемо, змовкатимем - замовкнемо, замовкнем
	2	you/ви, Ви	змовкаєте	змовкали – замовкнули, замовкли	змовкатимете - замовкнете
	3	they/вони	змовкають	змовкали – замовкнули, замовкли	змовкатимуть - замовкнуть

Imperative (Наказовий спосіб)

Singular	Plural
змовкай - замовкни	змовкайте, змовкаймо – замовкніть, замовкніте, замовкнімо, замовкнім

	Present	Past
Active Participle	змовкаючий	змовкавший - замовклий
Passive Participle		
Transgressive	змовкаючи	змовкавши - замовкнувши

запитувати ([zɑˈpɪtuvɑtɪ] *transliteration:* za**py**tuvaty; *transitive, imperfective verb*) – to ask; to demand; to inquire (about, of).
запитати ([zɑpɪˈtɑtɪ] *transliteration:* zapyt**a**ty; *transitive, perfective verb*) – to ask; to demand; to inquire (about, of).

Examples. Ти запитуєш це вже втретє! – You're asking it for the third time!
Ми запитали якогось хлопця, як дістатися автовокзалу. – We asked some boy how to get to the bus station.

		Person	Present Tense Теперішній час	Past Tense Минулий час	Future Tense Майбутній час
Singular	1	I/я	запитую		запитуватиму - запитаю
Singular	2	you/ти	запитуєш		запитуватимеш - запитаєш
Singular	3	he/він she/вона it/воно	запитує	запитував – запитав запитувала - запитала запитувало - запитало	запитуватиме - запитає
Plural	1	we/ми	запитуємо, запитуєм	запитували - запитали	запитуватимемо, запитуватимем – запитаємо, запитаєм
Plural	2	you/ви, Ви	запитуєте	запитували - запитали	запитуватимете - запитаєте
Plural	3	they/вони	запитують	запитували - запитали	запитуватимуть - запитають

Imperative (Наказовий спосіб)

Singular	Plural
запитуй - запитай	запитуйте, запитуймо – запитайте, запитаймо

	Present	Past
Active Participle	запитуючий	запитувавший - запитавший
Passive Participle		запитуваний - запитаний
Transgressive	запитуючи	запитувавши - запитавши

засин**а**ти ([zɑsɪˈnɑtɪ] *transliteration:* zasyn**a**ty; *intransitive, imperfective verb*) – to fall asleep, to go to sleep.
засн**у**ти ([zɑˈsnutɪ] *transliteration:* zasn**u**ty; *intransitive, perfective verb*) – to fall asleep, to go to sleep.

Examples. Він завжди швидко засипає. – He always falls asleep fast.
Я так і не заснув тієї ночі. – I never fell asleet that night.

		Person	Present Tense Теперішній час	Past Tense Минулий час	Future Tense Майбутній час
Singular	1	I/я	засинаю		засинатиму - засну
	2	**you**/ти	засинаєш		засинатимеш - заснеш
	3	**he**/він **she**/вона **it**/воно	засинає	засинав - заснув засинала - заснула засинало - заснуло	засинатиме - засне
Plural	1	**we**/ми	засинаємо, засинаєм	засинали - заснули	засинатимемо, засинатимем - заснемо, заснем
	2	**you**/ви, Ви	засинаєте	засинали - заснули	засинатимете - заснете
	3	**they**/вони	засинають	засинали -	засинатимуть - заснуть

Imperative (Наказовий спосіб)

Singular	Plural
засинай - засни	засинайте, засинаймо – засніть, засніте, заснімо, заснім

	Present	Past
Active Participle	засинаючий	засинавший - заснувший
Passive Participle		
Transgressive	засинаючи	засинавши - заснувши

збира́тися ([zbɪˈrɑtɪsʲɑ] *transliteration:* zbyra**ty**sia; *intransitive, imperfective verb*) – to gather; to prepare (for); to intend (to).
зібра́тися ([zibˈrɑtɪsʲɑ] *transliteration:* zibra**ty**sia; *intransitive, perfective verb*) – to gather, to prepare (for).

Examples. Вони зібралися у далеку подорож. — They have prepared for a long journey.
Чому ви збираєтесь уходити так рано? – Why do you intend to leave so early?

		Person	Present Tense Теперішній час	Past Tense Минулий час	Future Tense Майбутній час
Singular	1	I/я	збираюсь, *збираюся		збиратимусь, збиратимуся - зберусь, *зберуся
Singular	2	you/ти	збираєшся		збиратимешся - збережся
Singular	3	he/він she/вона it/воно	збирається	збирався, *збиравсь - зібрався, *зібравсь збиралася, збиралась - зібралася, зібралась збиралося, збиралось - зібралося, зібралось	збиратиметься - збереться
Plural	1	we/ми	збираємось, *збираємося, *збираємся	збиралися, збирались - зібралися, зібрались	збиратимемося, збиратимемось, збиратимемся - зберемось, *зберемося, *зберемся
Plural	2	you/ви, Ви	збираєтесь, *збираєтеся	збиралися, збирались - зібралися, зібрались	збиратиметеся, збиратиметесь - зберетесь, *зберетеся
Plural	3	they/вони	збираються	збиралися, збирались - зібралися, зібрались	збиратимуться - зберуться

Imperative (Наказовий спосіб)

Singular	Plural
збирайся, *збирайсь - зберись, збериcя	збирайтесь, збирайтеся, *збираймося, *збираймось – зберіться, зберітесь, *зберітеся, *зберімося, *зберімось

	Present	Past
Active Participle		збиравшийся - зібравшийся
Passive Participle		зібравшись, зібравшися
Transgressive	збираючись	збиравшись, збиравшися

звати ([ˈzvɑtɪ] *transliteration:* zvaty; *transitive, imperfective verb*) – to call; to ask, to invite.
позвати ([pɔˈzvɑtɪ] *transliteration:* pozvaty; *transitive, perfective verb*) – to call; to ask, to invite.

Examples. Коли ти позвеш нас до своєї нової оселі? – When will you invite us to your new apartment?
Як ти звеш свого кота? – How do you call you cat?

		Person	Present Tense Теперішній час	Past Tense Минулий час	Future Tense Майбутній час
Singular	1	I/я	зову, зву		зватиму - позву
	2	you/ти	зовеш, звеш		зватимеш - позвеш
	3	he/він she/вона it/воно	зове, зве	звав - позвав звала - позвала звало - позвало	зватиме - позве
Plural	1	we/ми	зовемо, зовем, звем, звемо	звали - позвали	зватимемо, зватимем - позвемо, позвем
	2	you/ви, Ви	зовете, звете	звали - позвали	зватимете - позвете
	3	they/вони	зовуть, звуть	звали - позвали	зватимуть - позвуть

Imperative (Наказовий спосіб)

Singular	Plural
зови, зви - позви	зовіть, зовіте, звіте, звіть зовімо, зовім, звім, звімо – позвіть, позвіте, позвімо, позвім

	Present	Past
Active Participle	зовучий	звавший - позвавший
Passive Participle		званий - позваний
Transgressive	звучи	звавши - позвавши

звертати ([zvɛrˈtɑtɪ] *transliteration:* zvert**a**ty; *transitive, imperfective verb*) – to turn; to turn aside (off).
звернути ([zvɛrˈnutɪ] *transliteration:* zvern**u**ty; *transitive, perfective verb*) – to turn; to turn aside (off).

Examples. Не звертай. – Don't turn aside.
Зажди він звертає не там, де треба! – He's always taking a wrong turn!

	Person	Present Tense Теперішній час	Past Tense Минулий час	Future Tense Майбутній час
Singular	1 **I**/я	звертаю		звертатиму - зверну
Singular	2 **you**/ти	звертаєш		звертатимеш - звернеш
Singular	3 **he**/він **she**/вона **it**/воно	звертає	звертав - звернув звертала - звернула звертало - звернуло	звертатиме - зверне
Plural	1 **we**/ми	звертаємо, звертаєм	звертали - звернули	звертатимемо, звертатимем - звернемо, звернем
Plural	2 **you**/ви, Ви	звертаєте	звертали - звернули	звертатимете - звернете
Plural	3 **they**/вони	звертають	звертали - звернули	звертатимуть - звернуть

Imperative (Наказовий спосіб)

Singular	Plural
звертай - зверни	звертайте, звертаймо – зверніть, зверніте, звернімо, звернім

	Present	Past
Active Participle	звертаючий	звертавший - звернувший
Passive Participle		звертаний - звернений, звернутий
Transgressive	звертаючи	звертавши - звернувши

звертатися ([zvɛrˈtɑtɪsʲa] *transliteration:* zvertatysia; *transitive, imperfective verb*) – to apply, to appeal (to) , to address (to).
звернутися ([zvɛrˈnutɪsʲa] *transliteration:* zvernutysia; *transitive, perfective verb*) – to apply, to appeal (to) , to address (to).

Examples. До кого ви звертаєтесь? – Whom do you appeal to?
Вона звернулася до матері. – She addressed to her mother.

		Person	Present Tense Теперішній час	Past Tense Минулий час	Future Tense Майбутній час
Singular	1	I/я	звертаюсь, звертаюся		звертатимусь, звертатимуся - звернусь, *звернуся
Singular	2	you/ти	звертаєшся		звертатимешся - звернешся
Singular	3	he/він she/вона it/воно	звертається	звертався - звернувся, зверталася - звернулася, зверталося - звернулося	звертатиметься - звернеться
Plural	1	we/ми	звертаємось, звертаємося, *звертаємся	звертались, звертались - звернулися, вернулись	звертатимемося, звертатимемось, звертатимемся – звернемось, *звернемося, *звернемся
Plural	2	you/ви, Ви	звертаєтесь, звертаєтеся	звертались, звертались – звернулися, звернулись	звертатиметеся, звертатиметесь – звернетесь, *звернетеся
Plural	3	they/вони	звертаються	звертались, звертались - звернулися, звернулись	звертатимуться - звернуться

Imperative (Наказовий спосіб)

Singular	Plural
звертайся, *звертайсь - звернись, звернися	звертайтесь, звертайтеся, звертаймося, звертаймось – зверніться, зверніться, *зверніться *зверніться, *зверніться

	Present	Past
Active Participle		звертавшийся - звернувшийся
Transgressive	звертаючись	звертавшись – звернувшись, звернувшися

звик**а**ти ([zvɪˈkɑtɪ] *transliteration:* zvyk**a**ty; *intransitive, imperfective verb*) – to get accustomed (to) , to get used (to) , to habituate oneself.
зв**и**кнути ([ˈzvɪknutɪ] *transliteration:* zv**y**knuty; *intransitive, perfective verb*) – to get accustomed (to) , to get used (to) , to habituate oneself.

Examples. Я ніколи не звикну прокидатися так рано. — I will never get used to getting up so early.
Ти звикла до нових сусідів? – Did you get used to your new neighborhood?

		Person	Present Tense Теперішній час	Past Tense Минулий час	Future Tense Майбутній час
Singular	1	I/я	звикаю		звикатиму - звикну
Singular	2	you/ти	звикаєш		звикатимеш - звикнеш
Singular	3	he/він she/вона it/воно	звикає	звикав - звикнув, звик звикала – звикнула, звикла звикало – звикнуло, звикло	звикатиме - звикне
Plural	1	we/ми	звикаємо, звикаєм	звикали – звикнули, звикли	звикатимемо, звикатимем - звикнемо, звикнем
Plural	2	you/ви, Ви	звикаєте	звикали – звикнули, звикли	звикатимете - звикнете
Plural	3	they/вони	звикають	звикали – звикнули, звикли	звикатимуть - звикнуть

Imperative (Наказовий спосіб)

Singular	Plural
звикай - звикни	звикайте, звикаймо – звикніть, звикніте, звикнімо, звикнім

	Present	Past
Active Participle	звикаючий	звикавший - звиклий
Passive Participle		
Transgressive	звикаючи	звикавши - звикнувши

зв**о**дити ([ˈzvɔdɪtɪ] *transliteration:* zv**o**dyty; *transitive, imperfective verb*) – to put together; to reduce (to); to settle (to square) up.
зв**е**сти ([ˈzvɛstɪ] *transliteration:* zv**e**sty; *transitive, perfective verb*) – to put together; to reduce (to); to settle (to square) up.

Examples. Спробуйте звести наші витрати до мінімуму. – Try to reduce our expences to a minimum.
Як же ти їх зводиш? – How do you put them together?

		Person	Present Tense Теперішній час	Past Tense Минулий час	Future Tense Майбутній час
Singular	1	I/я	зводжу		зводитиму - зведу
Singular	2	**you**/ти	зводиш		зводитимеш - зведеш
Singular	3	**he**/він **she**/вона **it**/воно	зводить	зводив - звів зводила - звела зводило - звело	зводитиме - зведе
Plural	1	**we**/ми	зводимо, зводим	зводили - звели	зводитимемо, зводитимем - зведемо, зведем
Plural	2	**you**/ви, Ви	зводите	зводили - звели	зводитимете - зведете
Plural	3	**they**/вони	зводять	зводили - звели	зводитимуть - зведуть

Imperative (Наказовий спосіб)

Singular	Plural
зводь - зведи	зводьте, зводьмо – зведіть, зведіте, зведімо, зведім

	Present	Past
Active Participle	зводячий	зводивший - звівший
Passive Participle		зводжений - зведений
Transgressive	зводячи	зводивши - звівши

згадувати (['zɦaduvatɪ] *transliteration:* zhaduvaty; *transitive, imperfective verb*) – to recollect, to remember, to recall; to mention, to refer (to).
згадати ([zɦaˈdatɪ] *transliteration:* zhadaty; *transitive, perfective verb*) – to recollect, to remember, to recall; to mention, to refer (to).

Examples. Пам'ятаю, як я був дитиною. – I remember when I was a child.
Він навіть і не згадав це. – He didn't even mention it.

		Person	Present Tense Теперішній час	Past Tense Минулий час	Future Tense Майбутній час
Singular	1	I/я	згадую		згадуватиму - згадаю
	2	you/ти	згадуєш		згадуватимеш - згадаєш
	3	he/він she/вона it/воно	згадує	згадував - згадав згадувала - згадала згадувало - згадало	згадуватиме - згадає
Plural	1	we/ми	згадуємо, згадуєм	згадували - згадали	згадуватимемо, згадуватимем - згадаємо, згадаєм
	2	you/ви, Ви	згадуєте	згадували - згадали	згадуватимете - згадаєте
	3	they/вони	згадують	згадували - згадали	згадуватимуть - згадають

Imperative (Наказовий спосіб)

Singular	Plural
згадуй - згадай	згадуйте, згадуймо – згадайте, згадаймо

	Present	Past
Active Participle	згадуючий	згадувавший - згадавший
Passive Participle		згадуваний - згаданий
Transgressive	згадуючи	згадувавши - згадавши

здавати ([zdɑˈvɑtɪ] *transliteration:* zdava**ty**; *transitive, imperfective verb*) – to hand over, to pass; to return; to lease, to rent.
здати ([ˈzdɑtɪ] *transliteration:* zda**ty**; *transitive, perfective verb*) – to hand over, to pass; to return; to lease, to rent.

Examples. Коли ти здаси книжку в бібліотеку. — When will you return the book to the library?
Ви здаєте будинок? – Do you rent your house?

	Person	Present Tense Теперішній час	Past Tense Минулий час	Future Tense Майбутній час
Singular	1 I/я	здаю		здаватиму - здам
Singular	2 you/ти	здаєш		здаватимеш - здаси
Singular	3 he/він she/вона it/воно	здає	здавав - здав здавала - здала здавало - здало	здаватиме - здасть
Plural	1 we/ми	здаємо, здаєм	здавали - здали	здаватимемо, здаватимем - здамо
Plural	2 you/ви, Ви	здаєте	здавали - здали	здаватимете - здасте
Plural	3 they/вони	здають	здавали - здали	здаватимуть - здадуть

Imperative (Наказовий спосіб)

Singular	Plural
здавай - здай	здавайте, здаваймо – здайте, здаймо

	Present	Past
Active Participle	здаючий	здававший - здавший
Passive Participle		здаваний - зданий
Transgressive	здаючи	здававши - здавши

здаватися ([zdɑˈvɑtɪsjɑ] *transliteration:* zdava**ty**sia; *reflexive, imperfective verb*) – to seem, to appear, to look; to surrender.
зда**ти**ся ([ˈzdɑtɪsjɑ] *transliteration:* zda**ty**sia; *reflexive, perfective verb*) – to seem, to appear, to look; to surrender.

Examples. Повітря здається сьогодні холодним. — The air feels cold today.
Їх було небагато, але вони не здавалися. – There were few of them, but they didn't surrender.

		Person	Present Tense Теперішній час	Past Tense Минулий час	Future Tense Майбутній час
Singular	1	I/я	здаюсь, здаюся		здаватимусь, здаватимуся - здамся
Singular	2	you/ти	здаєшся		здаватимешся - здасися
Singular	3	he/він she/вона it/воно	здається	здавався, *здавáвсь - здався, *здавсь здавалася, здавалась - здалася, здалась здавалося, здавалось - здалося, здалось	здаватиметься - здасться
Plural	1	we/ми	здаємось, здаємося, *здаємся	здавалися, здавались - здалися, здались	здаватимемося, здаватимемось, здаватимемся - здамося, здамось
Plural	2	you/ви, Ви	здаєтесь, здаєтеся	здавалися, здавались - здалися, здались	здаватиметеся, здаватиметесь - здастеся, здастесь
Plural	3	they/вони	здаються	здавалися, здавались - здалися, здались	здаватимуться - здадуться

Imperative (Наказовий спосіб)

Singular	Plural
здавайся, *здавайсь - здайся, *здайсь	здавайтесь, здавайтеся, здаваймося, здаваймось – здайтесь, здайтеся, здаймося, здаймось

	Present	Past
Active Participle		здававшийся - здавшийся
Passive Participle		
Transgressive	здаючись	здававшись - здавшись

збирати ([zbɪˈrɑtɪ] *transliteration:* zbyraty; *transitive, imperfective verb*) – to gather, to collect; to prepare, to equip.
зібрати ([zibˈrɑtɪ] *transliteration:* zibraty; *transitive, perfective verb*) – to gather, to collect; to prepare, to equip.

Examples. Ти все ще збираєш марки? – Do you still collect stamps?
Їх концерт зібрав доволі багато людей. – Their concert collected pretty good crowd..

	Person	Present Tense Теперішній час	Past Tense Минулий час	Future Tense Майбутній час
Singular	1 I/я	збираю		збиратиму - зберу
Singular	2 you/ти	збираєш		збиратимеш - збереш
Singular	3 he/він she/вона it/воно	збирає	збирав - зібрав збирала - зібрала збирало - зібрало	збиратиме - збере
Plural	1 we/ми	збираємо, збираєм	збирали - зібрали	збиратимемо, збиратимем - зберемо, зберем
Plural	2 you/ви, Ви	збираєте	збирали - зібрали	збиратимете - зберете
Plural	3 they/вони	збирають	збирали - зібрали	збиратимуть - зберуть

Imperative (Наказовий спосіб)

Singular	Plural
збирай - збери	збирайте, збираймо – зберіть, зберіте, зберімо, зберім

	Present	Past
Active Participle	збираючий	збиравший - зібравший
Passive Participle		збираний - зібраний
Transgressive	збираючи	збиравши - зібравши

зітхати ([zitˈxɑtɪ] *transliteration:* zitkhaty; *intransitive, imperfective verb*) – to breathe; to sigh.
зітхнути ([zitˈxnutɪ] *transliteration:* zitkhnuty; *intransitive, perfective verb*) – to breathe; to sigh.

Examples. Вона тяжко зітхнула. – She hove a sigh.
Він приходить до дому та зітхає з полегшенням. – He comes home and draws a sigh of relief.

		Person	Present Tense Теперішній час	Past Tense Минулий час	Future Tense Майбутній час
Singular	1	I/я	зітхаю		зітхатиму - зітхну
Singular	2	you/ти	зітхаєш		зітхатимеш - зітхнеш
Singular	3	he/він she/вона it/воно	зітхає	зітхав - зітхнув зітхала - зітхнула зітхало - зітхнуло	зітхатиме - зітхне
Plural	1	we/ми	зітхаємо, зітхаєм	зітхали - зітхнули	зітхатимемо, зітхатимем - зітхнемо, зітхнем
Plural	2	you/ви, Ви	зітхаєте	зітхали - зітхнули	зітхатимете - зітхнете
Plural	3	they/вони	зітхають	зітхали - зітхнули	зітхатимуть - зітхнуть

Imperative (Наказовий спосіб)

Singular	Plural
зітхай - зітхни	зітхайте, зітхаймо – зітхніть, зітхніте, зітхнімо, зітхнім

	Present	Past
Active Participle	зітхаючий	зітхавший - зітхнувший
Passive Participle		
Transgressive	зітхаючи	зітхавши - зітхнувши

змінювати ([ˈzminʲuvɑtɪ] *transliteration:* zminiuvaty; *transitive, imperfective verb*) – to change, to alter; to replace, to remove.
змін**и**ти ([zmiˈnɪtɪ] *transliteration:* zmin**y**ty; *transitive, perfective verb*) – to change, to alter; to replace, to remove.

Examples. Коли ти змінила стиль? – When have you changed your style?
Вона завжди змінює тему! – She always changes the subject.

		Person	Present Tense Теперішній час	Past Tense Минулий час	Future Tense Майбутній час
Singular	1	I/я	змінюю		змінюватиму - зміню
Singular	2	you/ти	змінюєш		змінюватимеш - зміниш
Singular	3	he/він she/вона it/воно	змінює	змінював - змінив змінювала - змінила змінювало - змінило	змінюватиме - змінить
Plural	1	we/ми	змінюємо, змінюєм	змінювали - змінили	змінюватимемо, змінюватимем - змінимо, змінимо
Plural	2	you/ви, Ви	змінюєте	змінювали - змінили	змінюватимете - зміните
Plural	3	they/вони	змінюють	змінювали - змінили	змінюватимуть - змінять

Imperative (Наказовий спосіб)

Singular	Plural
змінюй - зміни	змінюйте, змінюймо - змінимо, змінимо

	Present	Past
Active Participle	змінюючий	змінювавший - змінивший
Passive Participle		змінюваний - змінений
Transgressive	змінюючи	змінювавши - змінивши

знаходити ([znɑˈxɔdɪtɪ] *transliteration:* znakh**o**dyty; *transitive, imperfective verb*) – to find; to retrieve; to discover.
знайти ([znɑjˈtɪ] *transliteration:* zna**i**t**y**; *transitive, perfective verb*) – to find; to retrieve; to discover.

Examples. Де ти знайшов свій телефон? – Where did you find your phone?
Вони знаходять в цьому магазині все, що їм потрібно. – They find everything they need in this shop.

		Person	Present Tense Теперішній час	Past Tense Минулий час	Future Tense Майбутній час
Singular	1	I/я	знаходжу		знаходитиму - знайду
Singular	2	you/ти	знаходиш		знаходитимеш - знайдеш
Singular	3	he/він she/вона it/воно	знаходить	знаходив - знайшов знаходила - знайшла знаходило - знайшло	знаходитиме - знайде
Plural	1	we/ми	знаходимо, знаходим	знаходили - знайшли	знаходитимемо, знаходитимем - знайдемо, знайдем
Plural	2	you/ви, Ви	знаходите	знаходили - знайшли	знаходитимете - знайдете
Plural	3	they/вони	знаходять	знаходили - знайшли	знаходитимуть - знайдуть

Imperative (Наказовий спосіб)

Singular	Plural
знаходь - знайди	знаходьте, знаходьмо – знайдіть, знайдіте, знайдімо, знайдім

	Present	Past
Active Participle	знаходячий	знаходивший – знайшовший
Passive Participle		знаходжений - знайдений
Transgressive	знаходячи	знаходивши - знайшовши

знати (['znatɪ] *transliteration:* zn**a**ty; *transitive, imperfective verb*) – to know, to be acquainted (with).
пізнати ([piz'natɪ] *transliteration:* pizn**a**ty; *transitive, perfective verb*) – to get to know, to get acquainted (with).

Examples. Нам слід пізнати закони природи. — We should get to know the laws of nature.
Вона дуже добре знає свої обов'язки. – She knows her duties very well.

		Person	Present Tense Теперішній час	Past Tense Минулий час	Future Tense Майбутній час
Singular	1	I/я	знаю		знали - пізнаю
Singular	2	you/ти	знаєш		знатимеш - пізнаєш
Singular	3	he/він she/вона it/воно	знає	знав - пізнав знала - пізнала знало - пізнало	знатиме - пізнає
Plural	1	we/ми	знаємо, знаєм	знали - пізнали	знатимемо, знатимем - пізнаємо, пізнаєм
Plural	2	you/ви, Ви	знаєте	знали - пізнали	знатимете - пізнаєте
Plural	3	they/вони	знають	знали - пізнали	знатимуть - пізнають

Imperative (Наказовий спосіб)

Singular	Plural
знай - пізнай	знайте, знаймо – пізнайте, пізнаймо

	Present	Past
Active Participle	знаючий	знавший - пізнавший
Passive Participle		знаний - пізнаний
Transgressive	знаючи	знавши - пізнавши

зникати ([znɪˈkɑtɪ] *transliteration:* zny**ka**ty; *intransitive, imperfective verb*) – to disappear, to go out of sight, to fade away.

зн**и**кнути ([ˈznɪknutɪ] *transliteration:* zn**y**knuty; *intransitive, perfective verb*) – to disappear, to go out of sight, to fade away.

Examples. Потім автівка зникла з очей. — Then the car passed out of sigh.
Чому воно так швидко зникає? – Why does it disappear so fast?

		Person	Present Tense Теперішній час	Past Tense Минулий час	Future Tense Майбутній час
Singular	1	I/я	зникаю		зникатиму - зникну
Singular	2	you/ти	зникаєш		зникатимеш - зникнеш
Singular	3	he/він she/вона it/воно	зникає	зникав - зникнув, зник зникала – зникнула, зникла зникало – зникнуло, зникло	зникатиме - зникне
Plural	1	we/ми	зникаємо, зникаєм	зникали – зникнули, зникли	зникатимемо, зникатимем - зникнемо, зникнем
Plural	2	you/ви, Ви	зникаєте	зникали – зникнули, зникли	зникатимете - зникнете
Plural	3	they/вони	зникають	зникали – зникнули, зникли	зникатимуть - зникнуть

Imperative (Наказовий спосіб)

Singular	Plural
зникай - зникни	зникайте, зникаймо – зникніть, зникніте, зникнімо, зникнім

	Present	Past
Active Participle	зникаючий	зникавший - зниклий
Passive Participle		
Transgressive	зникаючи	зникавши - зникнувши

знім**а**ти ([zniˈmɑtɪ] *transliteration:* znim**a**ty; *transitive, imperfective verb*) – to take away, to remove; to take down; to take off.
зн**я**ти ([ˈznʲɑtɪ] *transliteration:* zn**ia**ty; *transitive, perfective verb*) – to take away, to remove; to take down; to take off.

Examples. Зніміть, будь ласка, взуття. – Take off your shoes, please.
Він ніколи не знімає обручки. – He never takes off his wedding ring.

	Person	Present Tense Теперішній час	Past Tense Минулий час	Future Tense Майбутній час
Singular	1 I/я	знімаю		зніматиму - зніму
Singular	2 you/ти	знімаєш		зніматимеш - знімеш
Singular	3 he/він she/вона it/воно	знімає	знімав - зняв знімала - зняла знімало - зняло	зніматиме - зніме
Plural	1 we/ми	знімаємо, знімаєм	знімали - зняли	зніматимемо, зніматимем - знімемо, знімем
Plural	2 you/ви, Ви	знімаєте	знімали - зняли	зніматимете - знімете
Plural	3 they/вони	знімають	знімали - зняли	зніматимуть - знімуть

Imperative (Наказовий спосіб)

Singular	Plural
знімай - зніми	знімайте, знімаймо – зніміть, зніміте, знімімо, знімім

	Present	Past
Active Participle	знімаючий	знімавший - знявший
Passive Participle		зніманий - знятий
Transgressive	знімаючи	знімавши - знявши

зупиня́ти ([zupɪˈnʲatɪ] *transliteration:* zupyn**ia**ty; *transitive, imperfective verb*) – to stop.
зупини́ти ([zupɪˈnɪtɪ] *transliteration:* zupyn**y**ty; *transitive, perfective verb*) – to stop.

Examples. Навіщо ти зупинив машину? – Why have you stopped the car?
Ти зупиняєш верстат цією червоною кнопкою. – You stop the machine with this red button.

		Person	Present Tense Теперішній час	Past Tense Минулий час	Future Tense Майбутній час
Singular	1	I/я	зупиняю		зупинятиму – зупиню
Singular	2	you/ти	зупиняєш		зупинятимеш - зупиниш
Singular	3	he/він she/вона it/воно	зупиняє	зупиняв – зупинив, зупиняла – зупинила, зупиняло – зупинило	зупинятиме - зупинить
Plural	1	we/ми	зупиняємо, зупиняєм	зупиняли – зупинили, зупинили	зупинятимемо, зупинятимем - зупинимо
Plural	2	you/ви, Ви	зупиняєте	зупиняли – зупинили	зупинятимете – зупините
Plural	3	they/вони	зупиняють	зупиняли – зупинили	зупинятимуть - зупинять

Imperative (Наказовий спосіб)

Singular	Plural
зупиняй - зупинис	зупиняйте, зупиняймо – зупиніть, зупиніте, зупинімо, зупинім

	Present	Past
Active Participle	зупиняючий	зупинявший - зупинивший
Passive Participle		зупинений
Transgressive	зупиняючи	зупинявши – зупинивши

зустріч**а**тися ([zustriˈt͡ʃɑtɪsʲɑ] *transliteration:* zustrich**a**tysia; *reflexive, imperfective verb*) – to meet (with); to come across; to occur, to happen.
зустр**і**тися ([zustˈrit͡ɪsʲɑ] *transliteration:* zustr**i**tysia; *reflexive, perfective verb*) – to meet (with); to come across; to occur, to happen.

Examples. Де ми з ним зустрінемось? – Where do we meet him?
Мені зустрічалися такі гриби. — I happened to come across such mushrooms.

	Person	**Present Tense** Теперішній час	**Past Tense** Минулий час	**Future Tense** Майбутній час
Singular	1 I/я	зустрічаюсь, *зустрічаюся		зустрічатимусь, зустрічатимуся - зустрінусь, *зустрінуся
	2 **you**/ти	зустрічаєшся		зустрічатимешся - зустрінешся
	3 **he**/він **she**/вона **it**/воно	зустрічається	зустрічався, *зустрічавсь - зустрічалася, зустрічалась - зустрілася, зустрілась зустрічалося, зустрічалось - зустрілося, зустрілось	зустрічатиметься - зустрінеться
Plural	1 **we**/ми	зустрічаємось, *зустрічаємося, *зустрічаємся	зустрічалися, зустрічались - зустрілися, зустрілись	зустрічатимемося, зустрічатимемось, зустрічатимемся - зустрінемось, *зустрінемося, *зустрінемся
	2 **you**/ви, Ви	зустрічаєтесь, *зустрічаєтеся	зустрічалися, зустрічались - зустрілися, зустрілись	зустрічатиметеся, зустрічатиметесь - зустрінетесь, *зустрінетеся
	3 **they**/вони	зустрічаються	зустрічалися, зустрічались - зустрілися, зустрілись	зустрічатимуться - зустрінуться

Imperative (Наказовий спосіб)

Singular	Plural
зустрічайся, *зустрічайсь - зустрінься	зустрічайтесь, зустрічайтеся *зустрічаймося, *зустрічаймось — зустріньтесь, зустріньтеся *зустріньмося, *зустріньмось

	Present	Past
Active Participle		зустрічавшийся - зустрівшийся
Transgressive	зустрічаючись	зустрічавшись, зустрічавшися - зустрівшись, зустрівшися

зустрічати ([zustriˈtʃɑtɪ] *transliteration:* zustrichaty; *transitive, imperfective verb*) – to meet, to encounter.
зустріти ([zustˈritɪ] *transliteration:* zustrity; *transitive, perfective verb*) – to meet, to encounter.

Examples. Я несподівано зустрів його вчора. – I came across him yesterday.
Вона часто зустрічається з подругами на вихідних. – She often meets her friends on weekends

		Person	Present Tense Теперішній час	Past Tense Минулий час	Future Tense Майбутній час
Singular	1	I/я	зустрічаю		зустрічатиму - зустріну
Singular	2	you/ти	зустрічаєш		зустрічатимеш - зустрінеш
Singular	3	he/він she/вона it/воно	зустрічає	зустрічав - зустрів зустрічала - зустріла зустрічало - зустріло	зустрічатиме - зустріне
Plural	1	we/ми	зустрічаємо, зустрічаєм	зустрічали - зустріли	зустрічатимемо, зустрічатимем - зустрінемо, зустрінем
Plural	2	you/ви, Ви	зустрічаєте	зустрічали - зустріли	зустрічатимете - зустрінете
Plural	3	they/вони	зустрічають	зустрічали - зустріли	зустрічатимуть - зустрінуть

Imperative (Наказовий спосіб)

Singular	Plural
зустрічай - зустрінь	зустрічайте, зустрічаймо – зустріньте, зустріньмо

	Present	Past
Active Participle	зустрічаючий	зустрічавший - зустрівший
Passive Participle		зустрічаний - зустрітий
Transgressive	зустрічаючи	зустрічавши - зустрівши

з'являтися ([zʲaˈvlʲatɪsʲa] *transliteration:* ziav**lia**tysia; *reflexive, imperfective verb*) – to appear, to arise.
з'явитися ([zʲaˈvɪtɪsʲa] *transliteration:* ziav**y**tysia; *reflexive, perfective verb*) – to appear, to arise.

Examples. Коли з'явиться новий розклад? – When will the new time-table appear?
Він з'являється, коли його найменше чекають. – He always appears when he's least expected.

		Person	Present Tense Теперішній час	Past Tense Минулий час	Future Tense Майбутній час
Singular	1	I/я	з'являюсь, з'являюся		з'являтимусь, з'являтимуся - з'явлюсь, з'явлюся
	2	you/ти	з'являєшся		з'являтимешся - з'явишся
	3	he/він she/вона it/воно	з'являється	з'являвся, *з'являвсь - з'явився, *з'явивсь з'являлася, з'являлась - з'явилася, з'явилась з'являлося, з'являлось - з'явилося, з'явилось	з'являтиметься - з'явиться
Plural	1	we/ми	з'являємось, з'являємося, *з'являємся	з'являлися, з'являлись - з'явилися, з'явились	з'являтимемося, з'являтимемось, з'являтимемся - з'явимось, з'явимося, *з'явимся
	2	you/ви, Ви	з'являєтесь, з'являєтеся	з'являлися, з'являлись - з'явилися, з'явились	з'являтиметеся, з'являтиметесь – з'явитесь, з'явитеся
	3	they/вони	з'являються	з'являлися, з'являлись - з'явилися, з'явились	з'являтимуться - з'являться

Imperative (Наказовий спосіб)

Singular	Plural
з'являйся, *з'являйсь - з'явись, з'явися	з'являйтесь, з'являйтеся з'являймося, з'являймось – з'явіться, з'явітесь, *з'явітеся з'явімося, з'явімось

	Present	Past
Active Participle		з'являвшийся - з'явившийся
Passive Participle		
Transgressive	з'являючись	з'являвшись - з'явившись

іт**и** ([iˈtɪ] *transliteration:* it**y**; *intransitive, imperfective verb*) – to go; to walk; to come.
прийт**и** ([prɪjˈtɪ] *transliteration:* pryit**y**; *intransitive, perfective verb*) – to come; to arrive.

Examples. Я вже йду півгодини. – I've been walking for half an hour already.
О котрій годині прибув потяг? – At what time did the train arrive?

		Person	Present Tense Теперішній час	Past Tense Минулий час	Future Tense Майбутній час
Singular	1	I/я	іду		ітиму - прийду
Singular	2	you/ти	ідеш		ітимеш - прийдеш
Singular	3	he/він she/вона it/воно	іде	ішов - прийшов ішла - прийшла ішло - прийшло	ітиме - прийде
Plural	1	we/ми	ідемо, ідем	ішли - прийшли	ітимемо, ітимем – прийдемо, прийдем
Plural	2	you/ви, Ви	ідете	ішли - прийшли	ітимете - прийдете
Plural	3	they/вони	ідуть	ішли - прийшли	ітимуть - прийдуть

Imperative (Наказовий спосіб)

Singular	Plural
іди - прийди	ідіть, ідіте, ідімо, ідім – прийдіть, прийдіте, прийдімо, прийдім

	Present	Past
Active Participle	ідучий	ішовший - прийшовший
Passive Participle		
Transgressive	ідучи	ішовши - прийшовши

їсти (['ɪstɪ] *transliteration:* yisty; *transitive, imperfective verb*) – to eat, to have a meal.
поїсти ([poˈɪstɪ] *transliteration:* poisty; *transitive, perfective verb*) – to eat; to have a meal.

Examples. Він їсть чотири рази на день. – He eats four times a day.
Хто поїв всі цукерки? – Who's eaten all the candies?

		Person	Present Tense Теперішній час	Past Tense Минулий час	Future Tense Майбутній час
Singular	1	I/я	їм		їстиму - поїм
Singular	2	you/ти	їси		їстимеш - поїси
Singular	3	he/він she/вона it/воно	їсть	їв - поїв їла - поїла їло - поїло	їстиме - поїсть
Plural	1	we/ми	їмо	їли - поїли	їстимемо, їстимем - поїмо
Plural	2	you/ви, Ви	їсте	їли - поїли	їстимете - поїсте
Plural	3	they/вони	їдять	їли - поїли	їстимуть - поїдять

Imperative (Наказовий спосіб)

Singular	Plural
їж - поїж	їжте, їжмо – поїжте, поїжмо

	Present	Past
Active Participle	їдячий	їв ший - поївший
Passive Participle		їдений - поїдений
Transgressive	їдячи	ївши - поївши

їхати ([ˈixɑtɪ] *transliteration:* yikhaty; *intransitive, imperfective verb*) – to drive, to ride, to go.
приїхати ([prɪˈixɑtɪ] *transliteration:* pryikhaty; *intransitive, perfective verb*) – to come, to arrive.

Examples. Зазвичай я їду потягом, але цього разу я полечу літаком. – Usually I go by train, but this time I'll go by plane.
Таксі вже приїхало. – The taxi has arrived.

		Person	Present Tense Теперішній час	Past Tense Минулий час	Future Tense Майбутній час
Singular	1	I/я	їду		їхатиму - приїду
Singular	2	you/ти	їдеш		їхатимеш - приїдеш
Singular	3	he/він she/вона it/воно	їде	їхав - приїхав їхала - приїхала їхало - приїхало	їхатиме - приїде
Plural	1	we/ми	їдемо, їдем	їхали - приїхали	їхатимемо, їхатимем - приїдемо, приїдем
Plural	2	you/ви, Ви	їдете	їхали - приїхали	їхатимете - приїдете
Plural	3	they/вони	їдуть	їхали - приїхали	їхатимуть - приїдуть

Imperative (Наказовий спосіб)

Singular	Plural
їдь - приїдь	їдьте, їдьмо – приїдьте, приїдьмо

	Present	Past
Active Participle	їдучий	їхавший - приїхавший
Passive Participle		
Transgressive	їдучи	їхавши - приїхавши

казати ([kɑˈzɑtɪ] *transliteration:* kaz**a**ty; *transitive, imperfective verb*) – to say; to tell.
сказати ([skɑˈzɑtɪ] *transliteration:* skaz**a**ty; *transitive, perfective verb*) – to say; to tell.

Examples. Скажи мені хоч щось. – Tell me at least something.
Він каже, що це не він. – He says it wasn't him.

		Person	**Present Tense** Теперішній час	**Past Tense** Минулий час	**Future Tense** Майбутній час
Singular	1	I/я	кажу		казатиму - скажу
	2	you/ти	кажеш		казатимеш - скажеш
	3	he/він she/вона it/воно	каже	казав - сказав казала - сказала казало - сказало	казатиме - скаже
Plural	1	we/ми	кажемо, кажем	казали - сказали	казатимемо, казатимем - скажемо, скажем
	2	you/ви, Ви	кажете	казали - сказали	казатимете - скажете
	3	they/вони	кажуть	казали - сказали	казатимуть - скажуть

Imperative (Наказовий спосіб)

Singular	Plural
кажи - скажи	кажіть, кажіте, кажімо, кажім – скажіть, скажіте, скажімо, скажім

	Present	Past
Active Participle	кажучий	казавший - сказавший
Passive Participle		казаний - сказаний
Transgressive	кажучи	казавши - сказавши

кивати ([kɪˈvɑtɪ] *transliteration:* **kyva**ty; *intransitive, imperfective verb*) – to nod, to beckon.
кивнути ([kɪvˈnutɪ] *transliteration:* **kyvnu**ty; *intransitive, perfective verb*) – to nod, to beckon.

Examples. Можеш не кивати так часто. – You don't need to nod so often.
Вони просто кивнули у відповідь. – They just nodded in reply.

		Person	Present Tense Теперішній час	Past Tense Минулий час	Future Tense Майбутній час
Singular	1	**I**/я	киваю		киватиму - кивну
Singular	2	**you**/ти	киваєш		киватимеш - кивнеш
Singular	3	**he**/він **she**/вона **it**/воно	киває	кивав - кивнув кивала - кивнула кивало - кивнуло	киватиме - кивне
Plural	1	**we**/ми	киваємо, киваєм	кивали - кивнули	киватимемо, киватимем - кивнемо, кивнем
Plural	2	**you**/ви, Ви	киваєте	кивали - кивнули	киватимете - кивнете
Plural	3	**they**/вони	кивають	кивали - кивнули	киватимуть - кивнуть

Imperative (Наказовий спосіб)

Singular	Plural
кивай - кивни	кивайте, киваймо – кивніть, кивніте, кивнімо, кивнім

	Present	Past
Active Participle	киваючий	кивавший - кивнувший
Passive Participle		
Transgressive	киваючи	кивавши - кивнувши

кидати ([ˈkɪdɑtɪ] *transliteration:* **ky**daty; *transitive, imperfective verb*) – to throw, to cast; to leave off, to drop, to give up.
к**и**нути ([ˈkɪnutɪ] *transliteration:* **ky**nuty; *transitive, perfective verb*) – to throw, to cast; to leave off, to drop, to give up.

Examples. Чому вона кинула ту роботу? – Why did she drop that work?
Це дерево кидає велику тінь. – This tree casts a large shadow.

		Person	**Present Tense** Теперішній час	**Past Tense** Минулий час	**Future Tense** Майбутній час
Singular	1	**I**/я	кидати		кидатиму - кину
	2	**you**/ти	кидаєш		кидатимеш - кинеш
	3	**he**/він **she**/вона **it**/воно	кидає	кидав - кинув кидала - кинула кидало - кинуло	кидатиме - кине
Plural	1	**we**/ми	кидаємо, кидаєм	кидали - кинули	кидатимемо, кидатимем - кинемо, кинем
	2	**you**/ви, Ви	кидаєте	кидали - кинули	кидатимете - кинете
	3	**they**/вони	кидають	кидали - кинули	кидатимуть - кинуть

Imperative (Наказовий спосіб)

Singular	Plural
кидай - кинь	кидайте, кидаймо – киньте, киньмо

	Present	Past
Active Participle	кидаючий	кидавший - кинувший
Passive Participle		киданий – кинувший
Transgressive	кидаючи	кидавши - кинувши

класти (['klɑstɪ] *transliteration:* klasty; *transitive, imperfective verb*) – to lay, to deposit, to put, to place, to set.
покласти ([pɔˈklɑstɪ] *transliteration:* poklasty; *transitive, perfective verb*) – to lay (on) , to place (on) , to lay down, to deposit; to put down; to set.

Examples. Поклади, будь ласка, цей чек в кишеню. – Put this check in your pocket, please.
Ви кладете гроші в банк? – Do you deposit money?

		Person	Present Tense Теперішній час	Past Tense Минулий час	Future Tense Майбутній час
Singular	1	I/я	кладу		кластиму - покладу
Singular	2	you/ти	кладеш		кластимеш - покладеш
Singular	3	he/він she/вона it/воно	кладе	клав - поклав клала - поклала клало - поклало	кластиме - покладе
Plural	1	we/ми	кладемо, кладем	клали - поклали	кластимемо, кластимем - покладемо, покладем
Plural	2	you/ви, Ви	кладете	клали - поклали	кластимете - покладете
Plural	3	they/вони	кладуть	клали - поклали	кластимуть - поклавши

Imperative (Наказовий спосіб)

Singular	Plural
клади - поклади	кладіть, кладіте, кладімо, кладім – покладіть, покладіте, покладімо, покладім

	Present	Past
Active Participle	кладучий	клавший - поклавший
Passive Participle		кладений - покладений
Transgressive	кладучи	клавши - поклавши

кидатися ([ˈkɪdatɪsʲɑ] *transliteration:* **ky**datysia; *reflexive, imperfective verb*) – to throw oneself; to precipitate oneself; to dash, to rush; to pounce.
кинутися ([ˈkɪnutɪsʲɑ] *transliteration:* **ky**nutysia; *reflexive, perfective verb*) – to throw oneself; to precipitate oneself; to dash, to rush; to pounce.

Examples. Воротар підскокє, кидається на м'яч та ловить його. – The goalkeeper springs, throws himself on the ball and catches it.
Собака почула його та кинулася до дверей. – The dog heard him and rushed towards the door.

		Person	Present Tense Теперішній час	Past Tense Минулий час	Future Tense Майбутній час
Singular	1	**I**/я	кидаюсь, кидаюся		кидатимусь, кидатимуся - кинусь, кинуся
Singular	2	**you**/ти	кидаєшся		кидатимешся - кинешся
Singular	3	**he**/він **she**/вона **it**/воно	кидається	кидатимусь, кидатимуся - кинувся, *кинувсь кидатимешся – кинулася, кинулась кидатиметься - кинулося, кинулось	кидатиметься - кинеться
Plural	1	**we**/ми	кидаємось, кидаємося, *кидаємся	кидалися, кидались - кинулося, кинулось	кидатимемося, кидатимемось, кидатимемся – кинемось, кинемося, *кинемся
Plural	2	**you**/ви, Ви	кидаєтесь, кидаєтеся	кидалися, кидались - кинулося, кинулось	кидатиметеся, кидатиметесь - кинетесь, кинетеся
Plural	3	**they**/вони	кидаються	кидалися, кидались - кинулося, кинулось	кидатимуться - кинуться

Imperative (Наказовий спосіб)

Singular	Plural
кидайся, *кидайсь - кинься	кидайтесь, кидайтеся, кидаймося, кидаймось - киньтесь, киньтеся, киньмося, киньмось

	Present	Past
Active Participle		кидавшийся - кинувшийся
Passive Participle		
Transgressive	кидаючись	кидавшись - кинувшись

кликати ([ˈklɪkɑtɪ] *transliteration:* klykaty; *transitive, imperfective verb*) – to call, to summon; to invite.
покликати ([pɔˈklɪkɑtɪ] *transliteration:* poklykaty; *transitive, perfective verb*) – to call, to summon; to invite.

Examples. Ти покличеш наших нових сусідів? – Are you going to invite our new neighbors? Я кличу тебе вже десять хвилин!. – I've been calling you for 10 minutes!

		Person	Present Tense Теперішній час	Past Tense Минулий час	Future Tense Майбутній час
Singular	1	I/я	кличу		кликатиму - покличу
	2	you/ти	кличеш		кликатимеш - покличеш
	3	he/він she/вона it/воно	кличе	кликав - покликав кликала - покликала кликало - покликало	кликатиме - покличе
Plural	1	we/ми	кличемо, кличем	кликали - покликали	кликатимемо, кликатимем - покличемо, покличем
	2	you/ви, Ви	кличете	кликали - покликали	кликатимете - покличете
	3	they/вони	кличуть	кликали - покликали	кликатимуть - покличуть

Imperative (Наказовий спосіб)

Singular	Plural
клич - поклич	кличте, кличмо – покличте, покличмо

	Present	Past
Active Participle	кличучий	кликавший - покликавший
Passive Participle		покликаний
Transgressive	кличучи	кликавши - покликавши

кричати ([krɪˈtʃɑtɪ] *transliteration:* krychaty; *intransitive, imperfective verb*) – to shout, to cry out, to call out.

закричати ([zakrɪˈtʃɑtɪ] *transliteration:* zakrychaty; *intransitive, perfective verb*) – to shout, to cry out, to call out.

Examples. Дитина кричатиме кожного разу, якщо ти будеш це заохочувати. – The baby will cry each time if encourage it.
Він закричав, що це несправедливо. – He shouted that it was unfare.

		Person	Present Tense Теперішній час	Past Tense Минулий час	Future Tense Майбутній час
Singular	1	I/я	кричу		кричатиму - закричу
Singular	2	you/ти	кричиш		кричатимеш - закричиш
Singular	3	he/він she/вона it/воно	кричить	кричав - закричав кричала - закричала кричало - закричало	кричатиме - закричить
Plural	1	we/ми	кричимо, кричим	кричали - закричали	кричатимемо, кричатимем - закричимо, закричим
Plural	2	you/ви, Ви	кричите	кричали - закричали	кричатимете - закричите
Plural	3	they/вони	кричать	кричали - закричали	кричатимуть - закричать

Imperative (Наказовий спосіб)

Singular	Plural
кричи - закричи	кричіть, кричіте, кричімо, кричім – закричіть, закричіте, закричімо, закричім

	Present	Past
Active Participle	кричачий	кричавший - закричавший
Passive Participle		
Transgressive	кричачи	кричавши - закричавши

крутити ([kruˈtɪtɪ] *transliteration:* krutyty; *transitive, imperfective verb*) – to twist, to twirl, to roll up; to turn, to wind.
закрутити ([zɑkruˈtɪtɪ] *transliteration:* zakrutyty; *transitive, perfective verb*) – to twirl, to twist; to spin round; to screw up, to turn tight.

Examples. Вона так граціозно крутить обруч! – She is rolling a hoop so gracefully!
Хто закрутив так сильно кран? – Who's turned the tap so tight?

		Person	Present Tense Теперішній час	Past Tense Минулий час	Future Tense Майбутній час
Singular	1	I/я	кручу		крутитиму - закручу
Singular	2	you/ти	крутиш		крутитимеш - закрутиш
Singular	3	he/він she/вона it/воно	крутить	крутив - закрутив крутила - закрутила крутило - закрутило	крутитимеш - закрутить
Plural	1	we/ми	крутимо, крутим	крутили - закрутили	крутитимемо, крутитимем - закрутимо, закрутим
Plural	2	you/ви, Ви	крутите	крутили - закрутили	крутитимете - закрутите
Plural	3	they/вони	крутять	крутили - закрутили	крутитимуть - закрутять

Imperative (Наказовий спосіб)

Singular	Plural
крути - закрути	крутіть, крутіте, крутімо, крутім – закрутіть, закрутіте, акрутімо, закрутім

	Present	Past
Active Participle	крутячий	крутивший - закрутивший
Passive Participle		кручений - закручений
Transgressive	крутячи	крутивши - закрутивши

куп**ува**ти ([kupuˈvɑtɪ] *transliteration:* kupuv**a**ty; *transitive, imperfective verb*) – to buy; to purchase.
куп**и**ти ([kuˈpɪtɪ] *transliteration:* kup**y**ty; *transitive, perfective verb*) – to buy; to purchase.

Examples. Як часто ви купуєте книжки? – How often do you buy books?
Ми купили нову машину минулого місяця. – We have bought a new car last month.

		Person	Present Tense Теперішній час	Past Tense Минулий час	Future Tense Майбутній час
Singular	1	I/я	купую		купуватиму - куплю
Singular	2	you/ти	купуєш		купуватимеш - купиш
Singular	3	he/він she/вона it/воно	купує	купував - купив купувала - купила купувало - купило	купуватиме - купить
Plural	1	we/ми	купуємо, купуєм	купували - купили	купуватимемо, купуватимем - купимо, купим
Plural	2	you/ви, Ви	купуєте	купували - купили	купуватимете - купите
Plural	3	they/вони	купують	купували - купили	купуватимуть - куплять

Imperative (Наказовий спосіб)

Singular	Plural
купуй - купи	купуйте, купуймо - купіть, купіте, купімо, купім

	Present	Past
Active Participle	купуючий	купувавший - купивший
Passive Participle		купований - куплений
Transgressive	купуючи	купувавши - купивши

кури́ти ([kuˈrɪtɪ] *transliteration:* kuryty; *transitive, imperfective verb*) – to smoke; to fumigate.
закури́ти ([zakuˈrɪtɪ] *transliteration:* zakuryty; *transitive, perfective verb*) – to light up; to begin to smoke.

Examples. Ти забагато куриш. – You smoke too much.
Вони вийшли та закурили. – They went out and began to smoke.

		Person	Present Tense Теперішній час	Past Tense Минулий час	Future Tense Майбутній час
Singular	1	I/я	курю		куритиму - закурю
Singular	2	you/ти	куриш		куритимеш - закуриш
Singular	3	he/він she/вона it/воно	курить	курив - закурив курила - закурила курило - закурило	куритиме - закурить
Plural	1	we/ми	куримо, курим	курили - закурили	куритимемо, куритимем - закуримо, закурим
Plural	2	you/ви, Ви	курите	курили - закурили	куритимете - закурите
Plural	3	they/вони	курять	курили - закурили	куритимуть - закурять

Imperative (Наказовий спосіб)

Singular	Plural
кури - закури	куріть, куріте, курімо, курім – закуріть, закуріте, закурімо, закурім

	Present	Past
Active Participle	курячий	куривший - закуривший
Passive Participle		курений - закурений
Transgressive	курячи	куривши - закуривши

летіти ([lɛˈtitɪ] *transliteration:* letity; *intransitive, imperfective verb*) – to fly; to hasten, to run (to drive) at full speed.
прилетіти ([prɪlɛˈtitɪ] *transliteration:* pryletity; *intransitive, perfective verb*) – to fly in, to arrive flying; to come (to arrive) in haste.

Examples. Він прилетів до дому. – He came home in a haste.
Цей літак летить так низько! – This plane flies so low!

	Person	Present Tense Теперішній час	Past Tense Минулий час	Future Tense Майбутній час
Singular	1 I/я	лечу		летітиму - прилечу
Singular	2 you/ти	летиш		летітимеш - прилетиш
Singular	3 he/він she/вона it/воно	летить	летів - прилетів летіла - прилетіла летіло - прилетіло	летітиме - прилетить
Plural	1 we/ми	летимо, летим	летіли - прилетіли	летітимемо, летітимем - прилетимо, прилетим
Plural	2 you/ви, Ви	летите	летіли - прилетіли	летітимете - прилетите
Plural	3 they/вони	летять	летіли - прилетіли	летітимуть - прилетять

Imperative (Наказовий спосіб)

Singular	Plural
леть - прилети	летьте, летьмо – прилетіть, прилетіте, прилетімо, прилетім

	Present	Past
Active Participle	летячий	летівший - прилетівший
Passive Participle		
Transgressive	летячи	летівши - прилетівши

лиш**а**тися ([lɪˈʃɑtɪsʲɑ] *transliteration:* lysh**a**tysia; *reflexive, imperfective verb*) – to remain; to stay.
лиш**и**тися ([lɪˈʃɪtɪsʲɑ] *transliteration:* lysh**y**tysya; *reflexive, perfective verb*) – to remain; to stay.

Examples. На скільки ти лишаєшся тут? – For how long are you staying here?
Моє рідне місто лишилося таким, як було. – My hometown remained the same.

		Person	**Present Tense** Теперішній час	**Past Tense** Минулий час	**Future Tense** Майбутній час
Singular	1	**I**/я	лишаюсь, лишаюся - лишусь, *лишуся		лишатимусь, лишатимуся - лишитимусь, лишитимуся
Singular	2	**you**/ти	лишаєшся - лишишся		лишатимешся - лишитимешся
Singular	3	**he**/він **she**/вона **it**/воно	лишається - лишиться	лишався, *лишавсь - лишився, *лишивсь лишалася, лишалась - лишилася, лишилась лишалося, лишалось - лишилося, лишилось	лишатиметься - лишитиметься
Plural	1	**we**/ми	лишаємось, лишаємося, *лишаємся - лишимось, *лишимося, *лишимся	лишалися, лишались - лишилися, лишились	лишатимемося, лишатимемось, лишатимемся - лишитимемося, лишитимемось, лишитимемся
Plural	2	**you**/ви, Ви	лишаєтесь, лишаєтеся - лишитесь, *лишитеся	лишалися, лишались - лишилися, лишились	лишатимстеся, лишатиметесь - лишитиметеся, лишитиметесь
Plural	3	**they**/вони	лишаються - лишаться	лишалися, лишались - лишилися, лишились	лишатимуться - лишитимуться

Imperative (Наказовий спосіб)

Singular	Plural
лишайся, *лишайсь - лишись, лишися	лишайтесь, лишайтеся лишаймося, лишаймось – лишіться, лишітесь, *лишітеся *лишімося, *лишімось

	Present	Past
Active Participle		лишавшийся - лишившийся
Passive Participle		
Transgressive	лишаючись - лишачись	лишавшись – лишившись, лишившися

лізти ([ˈlʲiztɪ] *transliteration:* l**i**zty; *intransitive, imperfective verb*) – to climb, to clamber, to creep, to scale.
залізти ([zɑˈlʲiztɪ] *transliteration:* zal**i**zty; *intransitive, perfective verb*) – to climb (on, up).

Examples. Дивись, щось лізе! – Look, there's something creeping!
Ти зміг би залізти на цю гору? – Could you climb this mountain?

		Person	Present Tense Теперішній час	Past Tense Минулий час	Future Tense Майбутній час
Singular	1	I/я	лізу		лізтиму - залізу
	2	you/ти	лізеш		лізтимеш - залізеш
	3	he/він she/вона it/воно	лізе	ліз - заліз лізла - залізла лізло - залізло	лізтиме - залізе
Plural	1	we/ми	ліземо, лізем	лізли - залізли	лізтимемо, лізтимем – заліземо, залізем
	2	you/ви, Ви	лізете	лізли - залізли	лізтимете - залізете
	3	they/вони	лізуть	лізли - залізли	лізтимуть - залізуть

Imperative (Наказовий спосіб)

Singular	Plural
лізь - залізь	лізьте, лізьмо – залізьте, залізьмо

	Present	Past
Active Participle	лізучий	лізший - залізший
Passive Participle		
Transgressive	лізучи	лізши - залізши

ловити ([lɔˈvɪtɪ] *transliteration:* lovyty; *transitive, imperfective verb*) – to catch, to hunt, to seize.
зловити ([zlɔˈvɪtɪ] *transliteration:* zlovyty; *transitive, perfective verb*) – to catch, to capture; to seize.

Examples. Щось зловив? – Have you caught something?
Він ловить цю муху вже півгодини. – He's been catching this fly for half an hour.

		Person	**Present Tense** Теперішній час	**Past Tense** Минулий час	**Future Tense** Майбутній час
Singular	1	I/я	ловлю		ловитиму - зловлю
Singular	2	you/ти	ловиш		ловитимеш - зловиш
Singular	3	he/він she/вона it/воно	ловить	ловив - зловив ловила - зловила ловило - зловило	ловитиме - зловить
Plural	1	we/ми	ловимо, ловим	ловили - зловили	ловитимемо, ловитимем - зловимо, зловим
Plural	2	you/ви, Ви	ловите	ловили - зловили	ловитимете - зловите
Plural	3	they/вони	ловлять	ловили - зловили	ловитимуть - зловлять

Imperative (Наказовий спосіб)

Singular	Plural
лови - злови	ловіть, ловіте, ловімо, ловім – зловіть, зловіте, зловімо, зловім

	Present	Past
Active Participle	ловлячий	ловивший - злови
Passive Participle		ловлений - зловлений
Transgressive	ловлячи	ловивши - зловивши

любити ([lʲuˈbɪtɪ] *transliteration:* liubyty; *transitive, imperfective verb*) – to love; to be fond of; (подобати) to like.
полюбити ([pɔlʲuˈbɪtɪ] *transliteration:* poliubyty; *transitive, perfective verb*) – to come to love, to grow fond (of); to conceive a liking (for); to fall in love (with).

Examples. Ти любиш теніс? – Do you like tennis?
Впевнений, ви її полюбите. – I'm sure you will like her.

	Person	Present Tense Теперішній час	Past Tense Минулий час	Future Tense Майбутній час
Singular 1	I/я	люблю		любитиму - полюблю
Singular 2	you/ти	любиш		любитимеш - полюбиш
Singular 3	he/він she/вона it/воно	любить	любив - полюбив любила - полюбила любило - полюбило	любитиме - полюбить
Plural 1	we/ми	любимо, любим	любили - полюбили	любитимемо, любитимем - полюбимо, полюбим
Plural 2	you/ви, Ви	любите	любили - полюбили	любитимете - полюбите
Plural 3	they/вони	люблять	любили - полюбили	любитимуть - полюблять

Imperative (Наказовий спосіб)

Singular	Plural
люби - полюби	любіть, любіте, любімо, любім – полюбіть, полюбіте, полюбімо, полюбім

	Present	Past
Active Participle	люблячий	любивший - полюбивший
Passive Participle		люблений - полюблений
Transgressive	люблячи	любивши - полюбивши

лягати ([lʲɑˈhɑtɪ] *transliteration:* liah**a**ty; *intransitive, imperfective verb*) – to lie (down); to fall (on); to go to bed.
лягти ([lʲɑˈhtɪ] *transliteration:* liah**y**; *intransitive, perfective verb*) – to lie (down); to fall (on); to go to bed.

Examples. Собака ліг біля його ніг. – The dog lay down at his feet.
Ти завжди лягаєш так рано? – Do you always go to bed so early?

	Person	Present Tense Теперішній час	Past Tense Минулий час	Future Tense Майбутній час
Singular	1 I/я	лягаю		лягатиму - ляжу
Singular	2 you/ти	лягаєш		лягатимеш - ляжеш
Singular	3 he/він she/вона it/воно	лягає	лягав - ліг лягала - лягла лягало - лягло	лягатиме - ляже
Plural	1 we/ми	лягаємо, лягаєм	лягали - лягли	лягатимемо, лягатимем - ляжемо, ляжем
Plural	2 you/ви, Ви	лягаєте	лягали - лягли	лягатимете - ляжете
Plural	3 they/вони	лягають	лягали - лягли	лягатимуть - ляжуть

Imperative (Наказовий спосіб)

Singular	Plural
лягай - ляж	лягайте, лягаймо – ляжте, ляжмо

	Present	Past
Active Participle	лягаючий	лягавший - лігший
Passive Participle		
Transgressive	лягаючи	лягавши - лігши

махати ([mɑˈxɑtɪ] *transliteration:* makh**a**ty; *intransitive, imperfective verb*) – to wave; to wag; to beat; to flap.
махнути ([mɑxˈnutɪ] *transliteration:* makhn**u**ty; *intransitive, perfective verb*) – to wave; to wag; to beat; to flap.

Examples. Хто це нам махає? – Who's that waving to us?
Собака махнув хвостом та побіг геть. – The dog wagged his tail and ran away.

	Person	Present Tense Теперішній час	Past Tense Минулий час	Future Tense Майбутній час
Singular	1 — I/я	махаю		махатиму - махну
Singular	2 — you/ти	махаєш		махатимеш - махнеш
Singular	3 — he/він she/вона it/воно	махає	махав - махнув махала - махнула махало - махнуло	махатиме - махне
Plural	1 — we/ми	махаємо, махаєм	махали - махнули	махатимемо, махатимем - махнемо, махнем
Plural	2 — you/ви, Ви	махаєте	махали - махнули	махатимете - махнете
Plural	3 — they/вони	махають	махали - махнули	махатимуть - махнуть

Imperative (Наказовий спосіб)

Singular	Plural
махай - махни	махайте, махаймо – махніть, махніте, махнімо, махнім

	Present	Past
Active Participle	махаючий	махавший - махнувший
Passive Participle		
Transgressive	махаючи	махавши - махнувши

мин**а**ти ([mɪˈnɑtɪ] *transliteration:* myn**a**ty; *transitive, imperfective verb*) – to pass, to leave behind, to come to an end.
мин**у**ти ([mɪˈnutɪ] *transliteration:* myn**u**ty; *transitive, perfective verb*) – to pass, to leave behind, to escape.

Examples. Ми минули міст та продовжили шлях через ліс. – We passed the bridge and went on through the forrest.
Йдіть прямо, минаєте банк, потім повертаєте ліворуч. – You go straight ahead, pass the bank, then turn left.

		Person	Present Tense Теперішній час	Past Tense Минулий час	Future Tense Майбутній час
Singular	1	I/я	минаю		минатиму - мину
Singular	2	you/ти	минаєш		минатимеш - минеш
Singular	3	he/він she/вона it/воно	минає	минав - минув минала - минула минало - минуло	минатиме - мине
Plural	1	we/ми	минаємо, минаєм	минали - минули	минатимемо, минатимем - минемо, минем
Plural	2	you/ви, Ви	минаєте	минали - минули	минатимете - минете
Plural	3	they/вони	минають	минали - минули	минатимуть - минуть

Imperative (Наказовий спосіб)

Singular	Plural
минай - мини	минайте, минаймо – миніть, мините, минімо, минім

	Present	Past
Active Participle	минаючий	минавший - минулий
Passive Participle		минений
Transgressive	минаючи	минавши - минувши

мовити (['mɔvɪtɪ] *transliteration:* m**o**vyty; *transitive, imperfective verb*) – to say, to tell.
промовити ([prɔ'mɔvɪtɪ] *transliteration:* prom**o**vyty; *transitive, perfective verb*) – to utter (to say, to put in) a word.

Examples. Він так нервувався, що не зміг промовити й слова. – He was so nervous that he couldn't say a word.
Ти вільний, так би мовити. – You're free, so to say.

	Person	Present Tense Теперішній час	Past Tense Минулий час	Future Tense Майбутній час
Singular 1	I/я	мовлю		мовитиму - промовлю
Singular 2	you/ти	мовиш		мовитимеш - промовиш
Singular 3	he/він she/вона it/воно	мовить	мовив - промовив мовила - промовила мовило - промовило	мовитиме - промовить
Plural 1	we/ми	мовимо, мовим	мовили - промовили	мовитимемо, мовитимем - промовимо, промовим
Plural 2	you/ви, Ви	мовите	мовили - промовили	мовитимете - промовите
Plural 3	they/вони	мовлять	мовили - промовили	мовитимуть - промовлять

Imperative (Наказовий спосіб)

Singular	Plural
мов - промов	мовте, мовмо – промовте, промовмо

	Present	Past
Active Participle	мовлячий	мовивший - промовивший
Passive Participle		мовлений - промовлений
Transgressive	мовлячи	мовивши - промовивши

мовчати ([mɔvˈtʃɑtɪ] *transliteration:* movchaty; *intransitive, imperfective verb*) – to keep silence, to be (to keep) silent (mute), to hold one's tongue (peace).
замовчати ([zɑmɔvˈtʃɑtɪ] *transliteration:* zamovchaty; *intransitive, perfective verb*) – to smother, to conceal, to hush up, to ignore, to keep silent (about).

Examples. Як довго ти збираєшся мовчати? – How long are you going to keep silence?
Чому ти замовчав цей факт? – Why did you conceal this fact?

	Person	Present Tense Теперішній час	Past Tense Минулий час	Future Tense Майбутній час
Singular	1 I/я	мовчу		мовчатиму - замовчу
Singular	2 you/ти	мовчиш		мовчатимеш - замовчиш
Singular	3 he/він she/вона it/воно	мовчить	мовчав - замовчав мовчала - замовчала мовчало - замовчало	мовчатиме - замовчить
Plural	1 we/ми	мовчимо	мовчали - замовчали	мовчатимемо – замовчимо, замовчим
Plural	2 you/ви, Ви	мовчите	мовчали - замовчали	мовчатимете - замовчите
Plural	3 they/вони	мовчать	мовчали - замовчали	мовчатимуть - замовчать

Imperative (Наказовий спосіб)

Singular	Plural
мовчи - замовчи	мовчімо, мовчіть - замовчіть, замовчіте замовчімо, замовчім

	Present	Past
Active Participle		замовчавший
Passive Participle		
Transgressive	мовчачи	мовчавши - замовчавши

могти ([mɔˈɦtɪ] *transliteration:* mogty; *intransitive, imperfective verb*) – to be able, can; may.
змогти ([zmɔˈɦtɪ] *transliteration:* zmogty; *intransitive, perfective verb*) – to be able, to prove able.

Examples. Чи не могли б ви зробити мені послугу? – Could you do me a favor?
Він знав, що він зможе це зробитию – He knew that he could do it.

		Person	Present Tense Теперішній час	Past Tense Минулий час	Future Tense Майбутній час
Singular	1	I/я	можу		могтиму - зможу
Singular	2	you/ти	можеш		могтимеш - зможеш
Singular	3	he/він she/вона it/воно	може	міг - зміг могла - змогла могло - змогло	могтиме - зможе
Plural	1	we/ми	можемо, можем	могли - змогли	могтимемо, могтимем - зможемо, зможем
Plural	2	you/ви, Ви	можете	могли - змогли	могтимете - зможете
Plural	3	they/вони	можуть	могли - змогли	могтимуть - зможуть

Imperative (Наказовий спосіб)

Singular	Plural
можи - зможи	можіть, можете, можімо, можім – зможіть, зможіте, зможімо, зможім

	Present	Past
Active Participle	можучий	мігший - змігший
Passive Participle		
Transgressive	можучи	мігши - змігши

наближатися ([nɑblɪˈʒɑtɪsʲɑ] *transliteration:* nablyzhatysia; *reflexive, imperfective verb*) – to approach; to draw (to come) nearer (to).
наблизитися ([nɑˈblɪzɪtɪsʲɑ] *transliteration:* nablyzytys; *reflexive, perfective verb*) – to approach; to draw (to come) nearer (to).

Examples. Час наближався до зими. — The time was drawing near to winter.
Ми наближаємося до міста. – We are approaching the city.

		Person	Present Tense Теперішній час	Past Tense Минулий час	Future Tense Майбутній час
Singular	1	I/я	наближаюся		наближатимуся - наближуся
Singular	2	you/ти	наближаєшся		наближатимешся - наблизишся
Singular	3	he/він she/вона it/воно	наближається	наближався - наблизився наближалася- наблизилася наближалося - наблизилося	наближатиметься - наблизиться
Plural	1	we/ми	наближаємося, наближаємся	наближалися - наблизилися	наближатимемося, наближатимемся – наблизимося, наблизимся
Plural	2	you/ви, Ви	наближаєтеся	наближалися - наблизилися	наближатиметеся - наблизитеся
Plural	3	they/вони	наближаються	наближалися - наблизилися	наближатимуться - наблизяться

Imperative (Наказовий спосіб)

Singular	Plural
наближайся - наблизься	наближайтеся, наближаймося – наблизьтеся, наблизьмося

	Present	Past
Active Participle	наближаючийся	наближавшийся - наблизившийся
Passive Participle		
Transgressive	наближаючися	наближавшися - наблизившися

нагадувати ([nɑˈɦɑduvɑtɪ] *transliteration:* nah**a**duvaty; *intransitive, imperfective verb*) – to remind (of, about); to resemble; to look like.
нагадати ([nɑɦɑˈdɑtɪ] *transliteration:* nahad**a**ty; *intransitive, perfective verb*) – to remind (of, about); to resemble; to look like.

Examples. Вона нагадує свою тітку. – She looks like her aunt.
Ця пісня нагадала мені про нашу першу зустріч. – This song reminded me of our first meeting.

		Person	Present Tense Теперішній час	Past Tense Минулий час	Future Tense Майбутній час
Singular	1	I/я	нагадую		нагадуватиму - нагадаю
Singular	2	you/ти	нагадуєш		нагадуватимеш - нагадаєш
Singular	3	he/він she/вона it/воно	нагадує	нагадував - нагадав нагадувала - нагадала нагадувало - нагадало	нагадуватиме - нагадає
Plural	1	we/ми	нагадуємо, нагадуєм	нагадували - нагадали	нагадуватимемо, нагадуватимем – нагадаємо, нагадаєм
Plural	2	you/ви, Ви	нагадуєте	нагадували - нагадали	нагадуватимете - нагадаєте
Plural	3	they/вони	нагадують	нагадували - нагадали	нагадуватимуть - нагадають

Imperative (Наказовий спосіб)

Singular	Plural
нагадуй - нагадай	нагадуйте, нагадуймо – нагадайте, нагадаймо

	Present	Past
Active Participle	нагадуючий	нагадувавший - нагадавший
Passive Participle		нагадуваний - нагаданий
Transgressive	нагадуючи	нагадувавши - нагадавши

називати ([nɑzɪˈvɑtɪ] *transliteration:* nazyv**a**ty; *transitive, imperfective verb*) – to call; to give a name, to name, to denominate.
назв**а**ти ([nɑzˈvɑtɪ] *transliteration:* nazv**a**ty; *transitive, perfective verb*) – to call; to give a name, to name, to denominate.

Examples. Як вони назвали кота? – How did they call their cat?
Ось що я називаю справжнім джазом! – That's what I call the real jazz!

	Person	Present Tense Теперішній час	Past Tense Минулий час	Future Tense Майбутній час
Singular	1 I/я	називаю		називатиму - назву
Singular	2 you/ти	називаєш		називатимеш - назвеш
Singular	3 he/він she/вона it/воно	називає	називав - назвав називала - назвала називало - назвало	називатиме - назве
Plural	1 we/ми	називаємо, називаєм	називали - назвали	називатимемо, називатимем - назвемо, назвем
Plural	2 you/ви, Ви	називаєте	називали - назвали	називатимете - назвете
Plural	3 they/вони	називають	називали - назвали	називатимуть - назвуть

Imperative (Наказовий спосіб)

Singular	Plural
називай - назви	називайте, називаймо – назвіть, назвіте, назвімо, назвім

	Present	Past
Active Participle	називаючий	називавший - назвавший
Passive Participle		називаний - названий
Transgressive	називаючи	називавши - назвавши

наказувати ([nɑˈkɑzuvɑtɪ] *transliteration:* nak**a**zuvaty; *transitive, imperfective verb*) – to order; to command, to enjoin, to bid, to charge.
наказати ([nɑkɑˈzɑtɪ] *transliteration:* nak**a**zaty; *transitive, perfective verb*) – to order; to command, to enjoin, to bid, to charge.

Examples. Наказую тобі йти додому. – I order you to go home.
Хто наказав прибратись в моїй кімнаті? – Who odered to tidy up my room?

		Person	Present Tense Теперішній час	Past Tense Минулий час	Future Tense Майбутній час
Singular	1	I/я	наказую		наказуватиму - накажу
Singular	2	you/ти	наказуєш		наказуватимеш - накажеш
Singular	3	he/він she/вона it/воно	наказує	наказував - наказав наказувала - наказувало -	наказуватиме - накаже
Plural	1	we/ми	наказуємо, наказуєм	наказували - наказали	наказуватимемо, наказуватимем – накажемо, накажем
Plural	2	you/ви, Ви	наказуєте	наказували - наказали	наказуватимете - накажете
Plural	3	they/вони	наказують	наказували - наказали	наказуватимуть - накажуть

Imperative (Наказовий спосіб)

Singular	Plural
наказуй - накажи	наказуйте, наказуймо – накажіть, накажіте, накажімо, накажім

	Present	Past
Active Participle	наказуючий	наказувавший - наказавший
Passive Participle		наказуваний - наказаний
Transgressive	наказуючи	наказувавши - наказавши

пис**а**ти ([pɪˈsatɪ] *transliteration:* pys**a**ty; *transitive, imperfective verb*) – to write.
напис**а**ти ([napɪˈsatɪ] *transliteration:* napys**a**ty; *transitive, perfective verb*) – to write (down).

Examples. Вона зараз пише есе. – She is writing her essay now.
Хто написав цього гарного вірша? – Who wrote this beautiful poem?

		Person	Present Tense Теперішній час	Past Tense Минулий час	Future Tense Майбутній час
Singular	1	I/я	пишу		писатиму - напишу
Singular	2	**you**/ти	пишеш		писатимеш - напишеш
Singular	3	**he**/він **she**/вона **it**/воно	пише	писав - написав писала - написала писало - написало	писатиме - напише
Plural	1	**we**/ми	пишемо, пишем	писали - написали	писатимемо, писатимем - напишемо, напишем
Plural	2	**you**/ви, Ви	пишете	писали - написали	писатимете - напишете
Plural	3	**they**/вони	пишуть	писали - написали	писатимуть - напишуть

Imperative (Наказовий спосіб)

Singular	Plural
пиши - напиши	пишіть, пишіте, пишімо, пишім – напишіть, напишіте, напишімо, напишім

	Present	Past
Active Participle	пишучий	писавший - написавший
Passive Participle		писаний - написаний
Transgressive	пишучи	писавши - написавши

нести ([ˈnɛstɪ] *transliteration:* **n**e**sty**; *transitive, imperfective verb*) – to carry; to bear [to go on foot and hold something, one way].
принести ([prɪˈnɛstɪ] *transliteration:* pryn**e**sty; *transitive, perfective verb*) – to bring; to carry; to fetch [one time].

Examples. Як ти можеш нести такі важкі сумки сам? – How can you carry such heavy bags alone?
Вона принесла цю вазу з ярмарку. – She brought this vase from a fair.

		Person	Present Tense Теперішній час	Past Tense Минулий час	Future Tense Майбутній час
Singular	1	I/я	несу		нестиму - принесу
Singular	2	you/ти	несеш		нестимеш - принесеш
Singular	3	he/він she/вона it/воно	несе	ніс - приніс несла - принесла несло - принесло	нестиме - принесе
Plural	1	we/ми	несемо, несем	несли - принесли	нестимемо, нестимем - принесемо, принесем
Plural	2	you/ви, Ви	несете	несли - принесли	нестимете - принесете
Plural	3	they/вони	несуть	несли - принесли	нестимуть - принесуть

Imperative (Наказовий спосіб)

Singular	Plural
неси - принеси	несіть, несіте, несімо, несім – принесіть, принесіте, принесімо, принесім

	Present	Past
Active Participle	несучий	нісший - принісший
Passive Participle		несений - принесений
Transgressive	несучи	нісши - принісши

носити ([nɔˈsɪtɪ] *transliteration:* nos**y**ty; *transitive, imperfective verb*) – to carry; to bear; to wear [to go on foot and hold something, outbound/round trip].
приносити ([prɪˈnɔsɪtɪ] *transliteration:* pryn**o**syty; *transitive, perfective verb*) – to bring; to carry; to fetch [multiple times].

Examples. Чому ти носиш цей глечик з місця на місце? – Why do you bear this pot from place to place?
Зазвичай секретарка приносить йому кореспонденцію. – His secretary usually brings him mail.

		Person	Present Tense Теперішній час	Past Tense Минулий час	Future Tense Майбутній час
Singular	1	I/я	ношу		носитиму - приношу
	2	you/ти	носиш		носитимеш - приносиш
	3	he/він she/вона it/воно	носить	носив - приносив носила - приносила носило - приносило	носитиме – носитиме
Plural	1	we/ми	носимо, носим	носили - приносили	носитимемо, носитимем - приносимо, приносим
	2	you/ви, Ви	носите	носили - приносили	носитимете - приносите
	3	they/вони	носять	носили - приносили	носитимуть - приносять

Imperative (Наказовий спосіб)

Singular	Plural
носи - принось	носіть, носіте, носімо, носім – приносьте, приносьмо

	Present	Past
Active Participle	носячий	носивший - приносивший
Passive Participle		ношений - приношений
Transgressive	носячи	носивши - приносивши

обіцяти ([ɔbiˈtsʲɑtɪ] *transliteration:* obits**ia**ty; *transitive, imperfective verb*) – to promise, to swear.
пообіцяти ([pɔɔbiˈtsʲɑtɪ] *transliteration:* poobits**ia**ty; *transitive, perfective verb*) – to promise.

Examples. Обіцяю зберігти це в таємниці. – I promise you to keep it in secret.
Вона пообіцяла нам допомогти. – She promised to help us.

		Person	Present Tense Теперішній час	Past Tense Минулий час	Future Tense Майбутній час
Singular	1	I/я	обіцяю		обіцятиму - пообіцяю
Singular	2	you/ти	обіцяєш		обіцятимеш - пообіцяєш
Singular	3	he/він she/вона it/воно	обіцяє	обіцяв - пообіцяв обіцяла - пообіцяла обіцяло - пообіцяло	обіцятиме - пообіцяє
Plural	1	we/ми	обіцяємо, обіцяєм	обіцяли - пообіцяли	обіцятимемо, обіцятимем - пообіцяємо, пообіцяєм
Plural	2	you/ви, Ви	обіцяєте	обіцяли - пообіцяли	обіцятимете - пообіцяєте
Plural	3	they/вони	обіцяють	обіцяли - пообіцяли	обіцятимуть - пообіцяють

Imperative (Наказовий спосіб)

Singular	Plural
обіцяй - пообіцяй	обіцяйте, обіцяймо – пообіцяйте, пообіцяймо

	Present	Past
Active Participle	обіцяючий	обіцявший - пообіцявший
Passive Participle		обіцяний - пообіцяний
Transgressive	обіцяючи	обіцявши - пообіцявши

озв**а**тися ([ɔzɪˈvɑtɪsʲɑ] *transliteration:* ozyv**a**tysia; *reflexive, imperfective verb*) – to respond, to answer; to echo.
озв**а**тися ([ɔzˈvɑtɪsʲɑ] *transliteration:* ozv**a**tysia; *reflexive, perfective verb*) – to respond, to answer; to echo.

Examples. Міг би й озватися. – You could've answered!
Він гукнув, але ніхто не озвався. – He called, but nobody responded.

	Person	**Present Tense** Теперішній час	**Past Tense** Минулий час	**Future Tense** Майбутній час
Singular 1	I/я	озиваюсь, озиваюся		озиватимусь, озиватимуся -озвусь, озвуся
Singular 2	you/ти	озиваєшся		озиватимешся - озвешся
Singular 3	he/він she/вона it/воно	озивається	озивався, *озивавсь -озвався, *озвавсь озивалася, озивалась - озвалася, озвалась озивалося, озвалося, озвалось	озиватиметься - озветься
Plural 1	we/ми	озиваємось, озиваємося, *озиваємся	озивалися, озивались - озвалися, озвались	озиватимемося, озиватимемось, озиватимемся - озвемось, озвемося, *озвемся
Plural 2	you/ви, Ви	озиваєтесь, озиваєтеся	озивалися, озивались - озвалися, озвались	озиватиметеся, озиватиметесь - озветесь, озветеся
Plural 3	they/вони	озиваються	озивалися, озивались - озвалися, озвались	озиватимуться - озвуться

Imperative (Наказовий спосіб)

Singular	Plural
озивайся, *озивайсь - озвись, озвися	озивайтесь, озивайтеся озиваймося, озиваймось - озвіться, озвітесь, *озвітеся озвімося, озвімось

	Present	Past
Active Participle		озивавшийся - озвавшийся
Passive Participle		
Transgressive	озиваючись	озивавшись - озвавшись

озирáтися ([ɔzɪˈrɑtɪsʲa] *transliteration:* ozyr**a**tysia; *reflexive, imperfective verb*) – to look round (about).
озирнýтися ([ɔzɪrˈnutɪsʲa] *transliteration:* ozyrn**u**tysia; *reflexive, perfective verb*) – to look round (about).

Examples. Чому ти озираєшся? – Why are looking around?
Вони зупинились та озирнулись. – They stopped and looked around.

	Person	Present Tense Теперішній час	Past Tense Минулий час	Future Tense Майбутній час
Singular 1	I/я	озираюся		озиратимуся - озирнуся
Singular 2	you/ти	озираєшся		озиратимешся - озирнешся
Singular 3	he/він she/вона it/воно	озирається	озирався - озирнувся озиралася - озирнулася озиралося - озирнулося	озиратиметься - озирнеться
Plural 1	we/ми	озираємося, озираємся	озиралися - озирнулися	озиратимемося, озиратимемся - озирнемося, озирнемся
Plural 2	you/ви, Ви	озираєтеся	озиралися - озирнулися	озиратиметеся - озирнетеся
Plural 3	they/вони	озираються	озиралися - озирнулися	озиратимуться - озирнуться

Imperative (Наказовий спосіб)

Singular	Plural
озирайся - озирнися	озирайтеся, озираймося – озирніться, озирнітеся, озирнімося, озирнімся

	Present	Past
Active Participle	озираючийся	озиравшийся - озирнувшийся
Passive Participle		
Transgressive	озираючись	озиравшись - озирнувшись

опинятися ([ɔpɪˈnʲatɪsʲa] *transliteration:* opyn**ia**tysia; *reflexive, imperfective verb*) – to find oneself (in, on).
опинитися ([ɔpɪˈnɪtɪsʲa] *transliteration:* opyn**y**tysia; *reflexive, perfective verb*) – to find oneself (in, on).

Examples. Вона відчинила двері та опинилась у затишній кухні. – She opened the door and found herself in a cosy kitchen.
Просто сідай на автобус, і за годину ти опинишся на пляжі. – Just take a bus and in an hour you'll find yourself on a beach.

		Person	**Present Tense** Теперішній час	**Past Tense** Минулий час	**Future Tense** Майбутній час
Singular	1	I/я	опиняюсь, опиняюся		опинятимусь, опинятимуся - опинюсь, опинюся
	2	you/ти	опиняєшся		опинятимешся - опинишся
	3	he/він she/вона it/воно	опиняється	опинявся, *опинявсь - опинився, *опинивсь опинялася, опинялась - опинилася, опинилась опинялося, опинялось - опинилося, опинилось	опинятиметься - опиниться
Plural	1	we/ми	опиняємось, опиняємося, *опиняємся	опинялися, опинялись - опинилися, опинились	опинятимемося, опинятимемось, опинятимемся - опинимось, опинимося, *опинимся
	2	you/ви, Ви	опиняєтесь, опиняєтеся	опинилися, опинились	опинятиметеся, опинятиметесь - опинитесь, опинитеся
	3	they/вони	опиняються	опинилися, опинились	опинятимуться - опиняться

Imperative (Наказовий спосіб)

Singular	Plural
опиняйся, *опиняйсь - опинись, опинися	опиняйтесь, опиняйтеся, опиняймося, опиняймось - опиніться, опинітесь, *опинітеся, опинімося, опинімось

	Present	Past
Active Participle		опинявшийся - опинившийся
Passive Participle		
Transgressive	опиняючись	опинявшись - опинившись

па́дати (['pɑdɑtɪ] *transliteration:* p**a**daty; *intransitive, imperfective verb*) – to fall, to drop, to tumble (down).
впа́сти (['vpɑstɪ] *transliteration:* vp**a**sty; *intransitive, perfective verb*) – to fall (down).

Examples. Вона двічі впала, коли каталася на ковзанах. – She fell twice while skating. Ти часто падаєш уві сні? – Do you often fall down in your dreams?

		Person	**Present Tense** Теперішній час	**Past Tense** Минулий час	**Future Tense** Майбутній час
Singular	1	**I**/я	падаю		падатиму - впаду
Singular	2	**you**/ти	падаєш		падатимеш - впадеш
Singular	3	**he**/він **she**/вона **it**/воно	падає	падав - впав падала - впала падало - впало	падатиме - впаде
Plural	1	**we**/ми	падаємо, падаєм	падали - впали	падатимемо, падатимем - впадемо, впадем
Plural	2	**you**/ви, Ви	падаєте	падали - впали	падатимете - впадете
Plural	3	**they**/вони	падають	падали - впали	падатимуть - впадуть

Imperative (Наказовий спосіб)

Singular	Plural
падай - впади	падайте, падаймо – впадіть, впадіте, впадімо, впадім

	Present	**Past**
Active Participle	падаючий	падавший - впавший
Passive Participle		
Transgressive	падаючи	падавши - впавши

пам'ят**а**ти ([pɑmʲɑˈtɑtɪ] *transliteration:* pamiataty; *transitive, imperfective verb*) – to remember, to keep (to bear) in mind; to mind.
запам'ят**а**ти ([zɑpɑmʲɑˈtɑtɪ] *transliteration:* zapamiataty; *transitive, perfective verb*) – to memorize; to remember, to keep in mind.

Examples. Ти пам'ятаєш назву того ресторану, де ми вечеряли минулого тижня? – Do you remember the name of that restaurant we had dinner last week?
Вона запам'ятала слова своєї матері. – She kept her mother's words in mind.

		Person	**Present Tense** Теперішній час	**Past Tense** Минулий час	**Future Tense** Майбутній час
Singular	1	I/я	пам'ятаю		пам'ятатиму - запам'ятаю
Singular	2	you/ти	пам'ятаєш		пам'ятатимеш - запам'ятаєш
Singular	3	he/він she/вона it/воно	пам'ятає	пам'ятав - запам'ятав пам'ятала - запам'ятала пам'ятало - запам'ятало	пам'ятатиме - запам'ятає
Plural	1	we/ми	пам'ятаємо, пам'ятаєм	пам'ятали - запам'ятали	пам'ятатимемо, пам'ятатимем - запам'ятаємо, запам'ятаєм
Plural	2	you/ви, Ви	пам'ятаєте	пам'ятали - запам'ятали	пам'ятатимете - запам'ятаєте
Plural	3	they/вони	пам'ятають	пам'ятали - запам'ятали	пам'ятатимуть - запам'ятають

Imperative (Наказовий спосіб)

Singular	Plural
пам'ятай - запам'ятай	пам'ятайте, пам'ятаймо – запам'ятайте, запам'ятаймо

	Present	Past
Active Participle	пам'ятаючий	пам'ятавший - запам'ятавший
Passive Participle		пам'ятаний - запам'ятаний
Transgressive	пам'ятаючи	пам'ятавши - запам'ятавши

передавати ([pɛrɛˈdɑvɑtɪ] *transliteration:* peredavaty; *transitive, imperfective verb*) – to give over, to pass, to hand over; to transfer (to), to transmit; to communicate; to tell, to report.
передати ([pɛrɛˈdɑtɪ] *transliteration:* peredaty; *transitive, perfective verb*) – to give over, to pass, to hand over; to transfer (to), to transmit; to communicate; to tell, to report.

Examples. Я передам це твоїй сестрі. – I'll pass this on to your sister.
Хтось передає інформацію нашім конкурентам. – Somebody transfers information to our competitors.

		Person	Present Tense Теперішній час	Past Tense Минулий час	Future Tense Майбутній час
Singular	1	I/я	передаю		передаватиму - передам
Singular	2	you/ти	передаєш		передаватимеш - передаси
Singular	3	he/він she/вона it/воно	передає	передавав - передав передавала - передала передавало - передало	передаватиме - передасть
Plural	1	we/ми	передаємо, передаєм	передавали - передали	передаватимемо, передаватимем – передамо
Plural	2	you/ви, Ви	передаєте	передавали - передали	передаватимете - передасте
Plural	3	they/вони	передаєте	передавали - передали	передаватимуть - передадуть

Imperative (Наказовий спосіб)

Singular	Plural
передавай - передай	передавайте, передаваймо – передайте, передаймо

	Present	Past
Active Participle	передаючий	передававший - передавший
Passive Participle		передаваний - переданий
Transgressive	передаючи	передававши - передавши

переходити ([pɛrɛˈxɔdɪtɪ] *transliteration:*perekh**o**dyty; *intransitive, imperfective verb*) – to pass; to proceed (to); to cross; to develop (into).
перейт**и** ([pɛrɛˈjtɪ] *transliteration:* pereit**y**; *intransitive, perfective verb*) – to pass; to proceed (to); to cross; to develop (into).

Examples. Давай перейдемо вулицю тут. – Let's cross the street here.
Ця історія переходить з уст в уста. – This story passes on by word of mouth.

		Person	Present Tense Теперішній час	Past Tense Минулий час	Future Tense Майбутній час
Singular	1	I/я	переходжу		переходитиму - перейду
Singular	2	you/ти	переходиш		переходитимеш - перейдеш
Singular	3	he/він she/вона it/воно	переходить	переходив - перейшов переходила - перейшла переходило - перейшло	переходитиме - перейде
Plural	1	we/ми	переходимо, переходим	переходили - перейшли	переходитимемо, переходитимем – перейдемо, перейдем
Plural	2	you/ви, Ви	переходите	переходили - перейшли	переходитимете - перейдете
Plural	3	they/вони	переходять	переходили - перейшли	переходитимуть - перейдуть

Imperative (Наказовий спосіб)

Singular	Plural
переходь - перейди	переходьте, переходьмо – перейдіть, перейдіте, перейдімо, перейдім

	Present	Past
Active Participle	переходячий	переходивший - перейшовший
Passive Participle		перейдений
Transgressive	переходячи	переходивши - перейшовши

пит**а**ти ([pɪˈtɑtɪ] *transliteration:* pyt**a**ty; *transitive, imperfective verb*) – to ask, to demand, to inquire, to interrogate.
спит**а**ти ([spɪˈtɑtɪ] *transliteration:* spyt**a**ty; *transitive, perfective verb*) – to ask.

Examples. Ти спитав його про вечірку? – Did you ask him about the party?
Коли питатимеш наступного разу, говори, будь ласка, гучніше. – Next time you ask me, please, say it loud.

		Person	Present Tense Теперішній час	Past Tense Минулий час	Future Tense Майбутній час
Singular	1	I/я	питаю		питатиму - спитаю
Singular	2	**you**/ти	питаєш		питатимеш - спитаєш
Singular	3	**he**/він **she**/вона **it**/воно	питає	питав - спитав питала - спитала питало - спитало	питатиме - спитає
Plural	1	**we**/ми	питаємо, питаєм	питали - спитали	питатимемо, питатимем - спитаємо, спитаєм
Plural	2	**you**/ви, Ви	питаєте	питали - спитали	питатимете - спитаєте
Plural	3	**they**/вони	питають	питали - спитали	питатимуть - спитають

Imperative (Наказовий спосіб)

Singular	Plural
питай - спитай	питайте, питаймо – спитайте, спитаймо

	Present	Past
Active Participle	питаючий	питавший - спитавший
Passive Participle		питаний - спитаний
Transgressive	питаючи	питавши - спитавши

пити (['pɪtɪ] *transliteration:* **p**y**ty**; *transitive, imperfective verb*) – to drink; to take; to sip.
випити (['vɪpɪtɪ] *transliteration:* **vy**pyty; *transitive, perfective verb*) – to drink (out, off) ; to drain, to empty.

Examples. Вони п'ють виключно зелений чай. – They drink only green tea.
Скільки бокалів пива ви вчора випили? – How many beers did you have last night?

		Person	Present Tense Теперішній час	Past Tense Минулий час	Future Tense Майбутній час
Singular	1	I/я	п'ю		питиму - вип'ю
	2	**you**/ти	п'єш		питимеш - вип'єш
	3	**he**/він **she**/вона **it**/воно	п'є	пив - випив пила - випила пило - випило	питиме - вип'є
Plural	1	**we**/ми	п'ємо, п'єм	пили - випили	питимемо, питимем – вип'ємо, вип'єм
	2	**you**/ви, Ви	п'єте	пили - випили	питимете - вип'єте
	3	**they**/вони	п'ють	пили - випили	питимуть - вип'ють

Imperative (Наказовий спосіб)

Singular	Plural
пий - випий	пийте, пиймо – випийте, виприймо

	Present	Past
Active Participle	п'ючий	пивший - випивший
Passive Participle		питий - випитий
Transgressive	п'ючи	пивши - випивши

підв**о**дитись ([pidˈvɔdɪtɪsʲ] *transliteration:* pid**vo**dytys; *reflexive, imperfective verb*) – to rise, to go up, to get up, to stand up, to arise.
підв**е**стися ([pidˈvɛstɪsʲa] *transliteration:* pid**ve**stysia; *reflexive, perfective verb*) – to rise, to go up, to get up, to stand up, to arise.

Examples. Нам доводиться підводитись кожного разу, коли хтось хоче вийти. – We have to stand up when somebody wants to go out.
Він підвівся, коли вона зайшла до кімнати. – He got up when she entered the room.

		Person	Present Tense Теперішній час	Past Tense Минулий час	Future Tense Майбутній час
Singular	1	I/я	підводжусь, *підводжуся		підводитимусь, підводитимуся - підведусь, *підведуся
Singular	2	you/ти	підводишся		підводитимешся - підведешся
Singular	3	he/він she/вона it/воно	підводиться	підводився, *підводивсь - підвівся, *підвівсь підводилася, підводилась - підвелася, підвелась підводилося, підводилось - підвелося, підвелось	підводитиметься - підведеться
Plural	1	we/ми	підводимось, *підводимося	підводилися, підводились - підвелися, підвелись	підводитимемося, підводитимемось, підводитимемся – підведемось, *підведемося, *підведемся
Plural	2	you/ви, Ви	підводитесь, *підводитеся	підводилися, підводились - підвелися, підвелись	підводитиметеся, підводитиметесь – підведетесь, *підведетеся
Plural	3	they/вони	підводяться	підводилися, підводились - підвелися, підвелись	підводитимуться - підведуться

Imperative (Наказовий спосіб)

Singular	Plural
підводься – підведись, підведися	підводьтесь, підводьтеся, *підводьмося, *підводьмось – підведіться, підведітесь, *підведітеся, *підведімося, *підведімось

	Present	Past
Active Participle		підводившийся - підвівшийся
Transgressive	підводячись	підводившись, підводившися - підвівшись, підвівшися

підвОдити ([pidˈvɔdɪtɪ] *transliteration:* pidvodyty; *transitive, imperfective verb*) – to lead up (to), to bring up (to); to raise, to lift; to disappoint, to put one in a difficult (awkward) position.
підвЕсти ([pidˈvɛstɪ] *transliteration:* pidvesty; *transitive, perfective verb*) – to lead up (to), to bring up (to); to raise, to lift; to disappoint, to put one in a difficult (awkward) position.

Examples. Ти підвів мене вже вдруге! – You put me in an awkward position for the second time!
Це питання підводить нас до важливого моменту. – This question brings us on to an important point.

		Person	Present Tense Теперішній час	Past Tense Минулий час	Future Tense Майбутній час
Singular	1	I/я	підводжу		підводитиму - підведу
Singular	2	**you**/ти	підводиш		підводитимеш - підведеш
Singular	3	**he**/він **she**/вона **it**/воно	підводить	підводив - підвів підводила - підвела підводило - підвело	підводитиме - підведе
Plural	1	**we**/ми	підводимо, підводим	підводили - підвели	підводитимемо, підводитимем - підведемо, підведем
Plural	2	**you**/ви, Ви	підводите	підводили - підвели	підводитимете - підведете
Plural	3	**they**/вони	підводять	підводили - підвели	підводитимуть - підведуть

Imperative (Наказовий спосіб)

Singular	Plural
підводь - підведи	підводьте, підводьмо – підведіть, підведіте, підведімо, підведім

	Present	Past
Active Participle	підводячий	підводивший - підвівший
Passive Participle		підводжений - підведений
Transgressive	підводячи	підводивши - підвівши

підхо́дити ([pidˈxɔdɪtɪ] *transliteration:* pidkh**o**dyty; *intransitive, imperfective verb*) – to approach, to come up (to) , to go up (to); to suit; to match.
підійт**и** ([pidiˈjtɪ] *transliteration:* pidiit**y**; *intransitive, perfective verb*) – to approach, to come up (to) , to go up (to); to suit; to match.

Examples. Цей пуловер дійсно тобі підходить. – This pullover really suits you.
Ми підійшли ближче до картини, щоб краще роздивитись. – We came up closer to the picture to get a better look at it

		Person	Present Tense Теперішній час	Past Tense Минулий час	Future Tense Майбутній час
Singular	1	I/я	підходжу		підходитиму - підійду
Singular	2	**you**/ти	підходиш		підходитимеш - підійдеш
Singular	3	**he**/він **she**/вона **it**/воно	підходить	підходив - підійшов підходила - підійшла підходило - підійшло	підходитиме - підійде
Plural	1	**we**/ми	підходимо, підходим	підходили - підійшли	підходитимемо, підходитимем - підійдемо, підійдем
Plural	2	**you**/ви, Ви	підходите	підходили - підійшли	підходитимете - підійдете
Plural	3	**they**/вони	підходять	підходили - підійшли	підходитимуть - підійдуть

Imperative (Наказовий спосіб)

Singular	Plural
підходь - підійди	підходьте, підходьмо – підійдіть, підійдіте, підійдімо, підійдім

	Present	Past
Active Participle	підходячий	підходивший - підійшовший
Passive Participle		
Transgressive	підходячи	підходивши - підійшовши

піднімати ([pidniˈmɑtɪ] *transliteration:* pidnim**a**ty; *transitive, imperfective verb*) – to raise, to lift; to pick up.
підняти ([pidˈnʲɑtɪ] *transliteration:* pidn**ia**ty; *transitive, perfective verb*) – to raise, to lift; to pick up.

Examples. Це кіно точно підніме тобі настрій. – This film will definitely raise your spirit.
Чому вони так часто піднімають ціни? – Why do they raise prices so often?

		Person	Present Tense Теперішній час	Past Tense Минулий час	Future Tense Майбутній час
Singular	1	I/я	піднімаю		підніматиму - підніму
Singular	2	you/ти	піднімаєш		підніматимеш - піднімеш
Singular	3	he/він she/вона it/воно	піднімає	піднімав - підняв піднімала - підняла піднімало - підняло	підніматиме - підніме
Plural	1	we/ми	піднімаємо, піднімаєм	піднімали - підняли	підніматимемо, підніматимем - піднімемо, піднімем
Plural	2	you/ви, Ви	піднімаєте	піднімали - підняли	підніматимете - піднімете
Plural	3	they/вони	піднімають	піднімали - підняли	підніматимуть - піднімуть

Imperative (Наказовий спосіб)

Singular	Plural
піднімай - підніми	піднімайте, піднімаймо – підніміть, підніміте, піднімімо, піднімім

	Present	Past
Active Participle	піднімаючий	піднімавший - піднявший
Passive Participle		підніманий - піднятий
Transgressive	піднімаючи	піднімавши - піднявши

плакати ([ˈplɑkɑtɪ] *transliteration:* plakaty; *intransitive, imperfective verb*) – to weep, to cry; заплакати ([zɑˈplɑkɑtɪ] *transliteration:* zaplakaty; *intransitive, perfective verb*) – (to begin) to cry, to weep.

Examples. Тобі важко заплакати, передивляючись мелодраму? – Is it hard for you to start crying watching a tragedy?
Чому ти плачеш? – Why are you crying?

	Person	Present Tense Теперішній час	Past Tense Минулий час	Future Tense Майбутній час
Singular 1	I/я	плачу		плакатиму - заплачу
Singular 2	you/ти	плачеш		плакатимеш - заплачеш
Singular 3	he/він she/вона it/воно	плаче	плакав - заплакав плакала - заплакала плакало - заплакало	плакатиме - заплаче
Plural 1	we/ми	плачемо, плачем	плакали - заплакали	плакатимемо, плакатимем - заплачемо, заплачем
Plural 2	you/ви, Ви	плачете	плакали - заплакали	плакатимете - заплачете
Plural 3	they/вони	плачуть	плакали - заплакали	плакатимуть - заплачуть

Imperative (Наказовий спосіб)

Singular	Plural
плач - заплач	плачте, плачмо – заплачте, заплачмо

	Present	Past
Active Participle	плачучий	плакавший - заплакавший
Passive Participle		
Transgressive	плачучи	плакавши - заплакавши

повертатися ([pɔvɛrˈtatɪsʲa] *transliteration:* povertatysia; *reflexive, imperfective verb*) – to return, to go (to come) back; to turn, to swing (round).
повернутися ([pɔvɛrˈnutɪsʲa] *transliteration:* povernutysia; *reflexive, perfective verb*) – to return, to go (to come) back; to turn, to swing (round).

Examples. Коли вона повертається? – When does she come back?
Як би я хотів, щоб ті дні повернусись! – I wish those days came back!

		Person	**Present Tense** Теперішній час	**Past Tense** Минулий час	**Future Tense** Майбутній час
Singular	1	I/я	повертаюсь, *повертаюся		повертатимусь, повертатимуся - повернусь, *повернуся
Singular	2	you/ти	повертаєшся		повертатимешся - повернешся
Singular	3	he/він she/вона it/воно	повертається	повертався - повернувся, поверталася - повернулася, поверталося - повернулося	повертатиметься - повернеться
Plural	1	we/ми	повертаємось, *повертаємося	поверталися, повертались - повернулися, повернулись	повертатимемося, повертатимемось, повертатимемся - повернемось, *повернемося, *повернемся
Plural	2	you/ви, Ви	повертаєтесь, *повертаєтеся	поверталися, повертались - повернулися, повернулись	повертатиметеся, повертатиметесь - повернетесь, *повернетеся
Plural	3	they/вони	повертаються	поверталися, повертались - повернулися, повернулись	повертатимуться - повернуться

Imperative (Наказовий спосіб)

Singular	Plural
повертайся, *повертайсь – повернись, повернися	повертайтесь, повертайтеся, *повертаймося, *повертаймось – поверніться, повернітесь, *повернітеся, *повернімося, *повернімось

	Present	Past
Active Participle		повертавшийся - повернувшийся
Transgressive	повертаючись	повертавшись, повертавшися - повернувшись, повернувшися

повертати ([pɔvɛrˈtɑtɪ] *transliteration:* povertaty; *transitive, imperfective verb*) – to return, to give back; to turn (round, about) ; to swing.
повернути ([pɔvɛrˈnutɪ] *transliteration:* povernuty; *transitive, perfective verb*) – to return, to give back; to turn (round, about) ; to swing.

Examples. Де мені повертати? – Where do I turn?
Я поверну твою книгу завтра. – I will return your book tomorrow.

		Person	Present Tense Теперішній час	Past Tense Минулий час	Future Tense Майбутній час
Singular	1	I/я	повертаю		повертатиму - поверну
Singular	2	you/ти	повертаєш		повертатимеш - повернеш
Singular	3	he/він she/вона it/воно	повертає	повертав - повернув повертала - повернула повертало - повернуло	повертатиме - поверне
Plural	1	we/ми	повертаємо, повертаєм	повертали - повернули	повертатимемо, повертатимем - повернемо, повернем
Plural	2	you/ви, Ви	повертаєте	повертали - повернули	повертатимете - повернете
Plural	3	they/вони	повертають	повертали - повернули	повертатимуть - повернуть

Imperative (Наказовий спосіб)

Singular	Plural
повертай - поверни	повертайте, повертаймо – поверніть, поверніте, повернімо, повернім

	Present	Past
Active Participle	повертаючий	повертавший - повернувший
Passive Participle		повертаний – повернений, повернутий
Transgressive	повертаючи	повертавши - повернувши

пов**о**дити ([pɔˈvɔdɪtɪ] *transliteration:* povodyty; *intransitive, imperfective verb*) – to move.
пов**е**сти ([pɔˈvɛstɪ] *transliteration:* povesty; *intransitive, imperfective verb*) – to lead, to conduct; to move.

Examples. Він не відповів, тільки повів плечима. – He didn't answer, just moved his shoulders.
Хто поведе? – Who's driving?

		Person	Present Tense Теперішній час	Past Tense Минулий час	Future Tense Майбутній час
Singular	1	I/я	поводжу		поводитиму - поведу
Singular	2	you/ти	поводиш		поводитимеш - поведеш
Singular	3	he/він she/вона it/воно	поводить	поводив - повів поводила - повела поводило - повело	поводитиме - поведе
Plural	1	we/ми	поводимо, поводим	поводили - повели	поводитимемо, поводитимем - поведемо, поведем
Plural	2	you/ви, Ви	поводите	поводили - повели	поводитимете - поведете
Plural	3	they/вони	поводять	поводили - повели	поводитимуть - поведуть

Imperative (Наказовий спосіб)

Singular	Plural
поводь - поведи	поводьте, поводьмо – поведіть, поведіте, поведімо, поведім

	Present	Past
Active Participle	поводячий	поводивший - повівший
Passive Participle		поведений
Transgressive	поводячи	поводивши - повівши

повзти ([pɔvˈztɪ] *transliteration:* povzty; *intransitive, imperfective verb*) – to creep, to crawl; to scramble.
приповзти ([prɪpɔvˈztɪ] *transliteration:* prypovzty; *intransitive, perfective verb*) – to creep up, to crawl up.

Examples. Щось повзе по стіні. – Something's crawling upon the wall.
Ти чекаєш, що він приповзе назад? – Do you expect him to come back crawling?

		Person	Present Tense Теперішній час	Past Tense Минулий час	Future Tense Майбутній час
Singular	1	I/я	повзу		повзтиму - приповзу
	2	you/ти	повзеш		повзтимеш - приповзеш
	3	he/він she/вона it/воно	повзе	повз - приповз повзла - приповзла повзло - приповзло	повзтиме - приповзе
Plural	1	we/ми	повземо, повзем	повзли – приповзли	повзтимемо, повзтимем - приповземо, приповзем
	2	you/ви, Ви	повзете	повзли – приповзли	повзтимете - приповзете
	3	they/вони	повзуть	повзли - приповзли	повзтимуть - приповзуть

Imperative (Наказовий спосіб)

Singular	Plural
повзи - приповзи	повзіть, повзіте, повзімо, повзім – приповзіть, приповзіте, приповзімо, приповзім

	Present	Past
Active Participle	повзучий	повзший - приповзший
Passive Participle		
Transgressive	повзучи	повзши - приповзши

повторяти ([pɔvtɔˈrjɑtɪ] *transliteration:* povtoriaty; *transitive, imperfective verb*) – to repeat; to iterate, to say over; to rehearse.
повторити ([pɔvtɔˈrɪtɪ] *transliteration:* povtoryty; *transitive, perfective verb*) – to repeat; to iterate, to say over; to rehearse.

Examples. Давайте повторимо попередній матеріал знову. – Let's repeat the previous material once more.
Ти повторюєш це знову, кожного разу як ми бачимось. – You repeat it each time I see you.

	Person	Present Tense Теперішній час	Past Tense Минулий час	Future Tense Майбутній час
Singular 1	I/я	повторяю		повторятиму - повторю
Singular 2	you/ти	повторяєш		повторятимеш - повториш
Singular 3	he/він she/вона it/воно	повторяє	повторяв - повторив повторяла - повторила повторяло - повторило	повторятиме - повторить
Plural 1	we/ми	повторяємо, повторяєм	повторяли - повторили	повторятимемо, повторятимем - повторимо, повторим
Plural 2	you/ви, Ви	повторяєте	повторяли - повторили	повторятимете - повторите
Plural 3	they/вони	повторяють	повторяли - повторили	повторятимуть - повторять

Imperative (Наказовий спосіб)

Singular	Plural
повторяй - повтори	повторяйте, повторяймо – повторіть, повторіте, повторімо, повторім

	Present	Past
Active Participle	повторяючий	повторявший - повторивший
Passive Participle		повторений - повторений
Transgressive	повторяючи	повторявши - повторивши

поглядати ([pɔhlʲaˈdatɪ] *transliteration:* pohliadaty; *intransitive, imperfective verb*) – to cast looks (on) , to look, to glance (on, upon, at) ; to look from time to time (now and then) (at).
поглянути ([pɔhˈlʲanutɪ] *transliteration:* pohlianuty; *intransitive, perfective verb*) – to look (at) , to glance (at).

Examples. Вона поглядала на годинник, ніби-то чекаючи на когось. – She glanced at her watch, as if she was waiting for something.
Він поглянув на нас, посміхнувся та помахав рукою. – He looked at us, smiled and waved his hand.

		Person	Present Tense Теперішній час	Past Tense Минулий час	Future Tense Майбутній час
Singular	1	I/я	поглядаю		поглядатиму - погляну
Singular	2	you/ти	поглядаєш		поглядатимеш - поглянеш
Singular	3	he/він she/вона it/воно	поглядає	поглядав - поглянув поглядала - поглянула поглядало - поглянуло	поглядатиме - погляне
Plural	1	we/ми	поглядаємо, поглядаєм	поглядали - поглянули	поглядатимемо, поглядатимем - поглянемо, поглянем
Plural	2	you/ви, Ви	поглядаєте	поглядали - поглянули	поглядатимете - поглянете
Plural	3	they/вони	поглядають	поглядали - поглянули	поглядатимуть - поглянуть

Imperative (Наказовий спосіб)

Singular	Plural
поглядай - поглянь	поглядайте, поглядаймо – погляньте, погляньмо

	Present	Past
Active Participle	поглядаючий	поглядавший - поглянувший
Passive Participle		
Transgressive	поглядаючи	поглядавши - поглянувши

подавати ([pɔdɑˈvɑtɪ] *transliteration:* podav**a**ty; *transitive, imperfective verb*) – to give, to present (to); to serve; to submit.
под**а**ти ([pɔˈdɑtɪ] *transliteration:* pod**a**ty; *transitive, perfective verb*) – to give, to present (to); to serve; to submit.

Examples. Я подав заяву минулого тижня. – I submitted my application last week.
Цей молодий гравець подає великі надії. – This young player gives great hope.

	Person	Present Tense Теперішній час	Past Tense Минулий час	Future Tense Майбутній час
Singular	1 I/я	подаю		подаватиму - подам
Singular	2 you/ти	подаєш		подаватимеш - подаси
Singular	3 he/він she/вона it/воно	подає	подавав - подав подавала - подала подавало - подало	подаватиме - подасть
Plural	1 we/ми	подаємо, подаєм	подавали - подали	подаватимемо, подаватимем - подамо
Plural	2 you/ви, Ви	подаєте	подавали - подали	подаватимете - подасте
Plural	3 they/вони	подають	подавали - подали	подаватимуть - подадуть

Imperative (Наказовий спосіб)

Singular	Plural
подавай - подай	подавайте, подаваймо – подайте, подаймо

	Present	Past
Active Participle	подаючий	подававший – подавший
Passive Participle		подаваний - поданий
Transgressive	подаючи	подававши - подавши

подобатися ([pɔˈdɔbɑtɪsʲɑ] *transliteration:* podobatysia; *reflexive, imperfective verb*) – to please, to like, to be liked by.
сподобатися ([spɔˈdɔbɑtɪsʲɑ] *transliteration:* spodobatysia; *reflexive, perfective verb*) – to please, to like, to be liked by.

Examples. Вам подобається наш новий проект? – Do you like our new project?
Їй не сподобалась ідея. – She didn't like the idea.

		Person	Present Tense Теперішній час	Past Tense Минулий час	Future Tense Майбутній час
Singular	1	I/я	подобаюся		подобатимуся – сподобаюсь, *сподобаюся
	2	you/ти	подобаєшся		подобатимешся – сподобаєшся
	3	he/він she/вона it/воно	подобається	подобався, *подобавсь - сподобався, *сподобавсь подобалася, подобалась - сподобалася, сподобалась подобалося, подобалось - сподобалося, сподобалось	подобатиметься - сподобається
Plural	1	we/ми	подобаємось, подобаємося, *подобаємся	подобалися, подобались - сподобалися, сподобались	подобатимемося - сподобаємось, *сподобаємося, *сподобаємся
	2	you/ви, Ви	подобаєтесь, подобаєтеся	подобалися, подобались - сподобалися, сподобались	подобатиметеся - сподобаєтесь, *сподобаєтеся
	3	they/вони	подобаються	подобалися, подобались - сподобалися, сподобались	подобатимуться - сподобаються

Imperative (Наказовий спосіб)

Singular	Plural
подобайся, *подобайсь – сподобайся, *сподобайсь	подобайтесь, подобайтеся подобаймося, подобаймось – сподобайтесь, сподобайтеся *сподобаймося, *сподобаймось

	Present	Past
Active Participle		подобавшийся - сподобавшийся
Passive Participle		
Transgressive	подобаючись	подобавшись – сподобавшись, сподобавшися

показувати ([pɔˈkazuvatɪ] *transliteration:* pok**a**zuvaty; *transitive, imperfective verb*) – to show (to); to display; to set forth; to denote; to reveal, to disclose.
показати ([pɔkaˈzatɪ] *transliteration:* pok**a**zaty; *transitive, perfective verb*) – to show (to); to display; to set forth; to denote; to reveal, to disclose.

Examples. Цей графік показує зростання загального прибутку. – This graph displays the growth of the total income.
В цій ситуації він показав свій справжній характер. – In this situation he revealed his true nature.

		Person	Present Tense Теперішній час	Past Tense Минулий час	Future Tense Майбутній час
Singular	1	I/я	показую		показуватиму - покажу
	2	you/ти	показуєш		показуватимеш - покажеш
	3	he/він she/вона it/воно	показує	показував - показав показувала - показала показувало - показало	показуватиме - покаже
Plural	1	we/ми	показуємо, показуєм	показували - показали	показуватимемо, показуватимем – покажемо, покажем
	2	you/ви, Ви	показуєте	показували - показали	показуватимете - покажете
	3	they/вони	показують	показували - показали	показуватимуть - покажуть

Imperative (Наказовий спосіб)

Singular	Plural
показуй - покажи	показуйте, показуймо – покажіть, покажіте, покажімо, покажім

	Present	Past
Active Participle	показуючий	показувавший - показавший
Passive Participle		показуваний - показаний
Transgressive	показуючи	показувавши - показавши

покид**а**ти ([pɔkɪˈdɑtɪ] *transliteration:* pokyd**a**ty; *transitive, imperfective verb*) – to leave; to abandon, to desert; to quit; to throw over, to forsake.
пок**и**нути ([pɔˈkɪnutɪ] *transliteration:* pok**y**nuty; *transitive, perfective verb*) – to leave; to abandon, to desert; to quit; to throw over, to forsake.

Examples. Вона була дуже засмучена, тому що чоловік покинув її. – She was so upset, because her husband had forsaken her.
Чому ви покидаєте країну? – Why do you leave the country?

		Person	Present Tense Теперішній час	Past Tense Минулий час	Future Tense Майбутній час
Singular	1	I/я	покидаю		покидатиму - покину
Singular	2	you/ти	покидаєш		покидатимеш - покинеш
Singular	3	he/він she/вона it/воно	покидає	покидав - покинув покидала - покинула покидало - покинуло	покидатиме - покине
Plural	1	we/ми	покидаємо, покидаєм	покидали - покинули	покидатимемо – покинемо, покинем
Plural	2	you/ви, Ви	покидаєте	покидали - покинули	покидатимете - покинете
Plural	3	they/вони	покидають	покидали - покинули	покидатимуть - покинуть

Imperative (Наказовий спосіб)

Singular	Plural
покидай - покинь	покидайте, покидаймо – покиньте, покиньмо

	Present	Past
Active Participle		покидавший - покинувший
Passive Participle		покиданий - покинений, покинутий
Transgressive	покидаючи	покидавши - покинувши

помирати ([pɔmɪˈrɑtɪ] *transliteration:* pomyr**a**ty; *intransitive, imperfective verb*) – to die.
померти ([pɔˈmɛrtɪ] *transliteration:* pom**e**rty; *intransitive, perfective verb*) – to die.

Examples. Здається, це дерево помирає. – This tree seems to be dying.
Багато солдатів померло в тій битві. – Many soldiers died in that battle.

		Person	Present Tense Теперішній час	Past Tense Минулий час	Future Tense Майбутній час
Singular	1	I/я	помираю		помиратиму - помру
Singular	2	you/ти	помираєш		помиратимеш - помреш
Singular	3	he/він she/вона it/воно	помирає	помирав - помер помирала - померла помирало - померло	помиратиме - помре
Plural	1	we/ми	помираємо, помираєм	помирали - померли	помиратимемо, помиратимем - помремо, помрем
Plural	2	you/ви, Ви	помираєте	помирали - померли	помиратимете - помрете
Plural	3	they/вони	помирають	помирали - померли	помиратимуть - помруть

Imperative (Наказовий спосіб)

Singular	Plural
помирай - помри	помирайте, помираймо – помріть, помріте, помрімо, помрім

	Present	Past
Active Participle	помираючий	помиравший – померлий
Passive Participle		
Transgressive	помираючи	помиравши - померши

помічати ([pɔmiˈt͡ʃɑtɪ] *transliteration:* pomich**a**ty; *transitive, imperfective verb*) – to take notice (of) , to note, to notice, to observe, to descry.
пом**і**тити ([pɔˈmitɪtɪ] *transliteration:* pom**i**tyty; *transitive, perfective verb*) – to take notice (of) , to note, to notice, to observe, to descry.

Examples. Він завжди помічає то, що інші не помічають. – He always notices the things nobody else does.
Ти помітила мою нову зачіску? – Have you noticed my new haircut?

	Person	Present Tense Теперішній час	Past Tense Минулий час	Future Tense Майбутній час
Singular 1	I/я	помічаю		помічатиму - помічу
Singular 2	you/ти	помічаєш		помічатимеш - помітиш
Singular 3	he/він she/вона it/воно	помічає	помічав - помітив помічала - помітила помічало - помітило	помічатиме - помітить
Plural 1	we/ми	помічаємо, помічаєм	помічали - помітили	помічатимемо, помічатимем – помітимо, помітим
Plural 2	you/ви, Ви	помічаєте	помічали - помітили	помічатимете - помітите
Plural 3	they/вони	помічають	помічали - помітили	помічатимуть - помітять

Imperative (Наказовий спосіб)

Singular	Plural
помічай - поміть	помічайте, помічаймо – помітьте, помітьмо

	Present	Past
Active Participle	помічаючий	помічавший - помітивший
Passive Participle		помічений - помічений
Transgressive	помічаючи	помічавши - помітивши

посміхатися ([pɔsmiˈxɑtɪsʲɑ] *transliteration:* posmikhatysia; *intransitive, imperfective verb*) – to smile.
посміхнутися ([pɔsmixˈnutɪsʲɑ] *transliteration:* posmikhnutysia; *intransitive, perfective verb*) – to smile.

Examples. Ця дитина постійно посміхається. – This baby smiles all the time.
Хоча шутка була не смішною, вона посміхнулася. – Although the joke wasn't funny, she smiled.

		Person	**Present Tense** Теперішній час	**Past Tense** Минулий час	**Future Tense** Майбутній час
Singular	1	I/я	посміхаюсь, посміхаюся		посміхатимусь, посміхатимуся - посміхнусь, посміхнуся
Singular	2	you/ти	посміхаєшся		посміхатимешся - посміхнешся
Singular	3	he/він she/вона it/воно	посміхається	посміхався, *посміхавсь - посміхнувся, *посміхнувсь посміхалася, посміхалась -посміхнулася, посміхнулась посміхалося, посміхалось - посміхнулося, посміхнулось	посміхатиметься - посміхнеться
Plural	1	we/ми	посміхаємось, посміхаємося, *посміхаємся	посміхалися, посміхались - посміхнулися, посміхнулись	посміхатимемося, посміхатимемось, посміхатимемся - посміхнемось, посміхнемося, *посміхнемся
Plural	2	you/ви, Ви	посміхаєтесь, посміхаєтеся	посміхалися, посміхались - посміхнулися, посміхнулись	посміхатиметеся, посміхатиметесь - посміхнетесь, посміхнетеся
Plural	3	they/вони	посміхаються	посміхалися, посміхались - посміхнулися, посміхнулись	посміхатимуться - посміхнуться

Imperative (Наказовий спосіб)

Singular	Plural
посміхайся, *посміхайсь – посміхнись, посміхнися	посміхайтесь, посміхайтеся посміхаймося, посміхаймось – посміхніться, посміхнітесь, *посміхнітеся посміхнімося, посміхнімось

	Present	Past
Active Participle		посміхавшийся - посміхнувшийся
Transgressive	посміхаючись	посміхавшись - посміхнувшись

починати ([pɔtʃɪˈnɑtɪ] *transliteration:* pochynaty; *transitive, imperfective verb*) – to begin, to start, to commence, to set up, to initiate; to launch.
почати ([pɔˈtʃɑtɪ] *transliteration:* pochaty; *transitive, perfective verb*) – to begin, to start, to commence, to set up, to initiate; to launch.

Examples. Коли вони починають цей проект? – When do they launch this project?
Вона вже почала приготування до Різдва. – She's already begun preparation for the Christmas.

		Person	Present Tense Теперішній час	Past Tense Минулий час	Future Tense Майбутній час
Singular	1	I/я	починаю		починатиму - почну
Singular	2	you/ти	починаєш		починатимеш - почнеш
Singular	3	he/він she/вона it/воно	починає	починав - почав починала - почала починало - почало	починатиме - почне
Plural	1	we/ми	починаємо, починаєм	починали - почали	починатимемо, починатимем – почнемо, почнем
Plural	2	you/ви, Ви	починаєте	починали - почали	починатимете - почнете
Plural	3	they/вони	починають	починали - почали	починатимуть - почнуть

Imperative (Наказовий спосіб)

Singular	Plural
починай - почни	починайте, починаймо – почніть, почніте, почнімо, почнім

	Present	Past
Active Participle	починаючий	починавший - почавший
Passive Participle		починаний - початий
Transgressive	починаючи	починавши - почавши

просити ([prɔˈsɪtɪ] *transliteration:* prosyty; *transitive, imperfective verb*) – to ask, to beg; to request.
попросити ([pɔprɔˈsɪtɪ] *transliteration:* poprosyty; *transitive, perfective verb*) – to ask, to beg.

Examples. Гадаю, треба попросити дозвіл, щоб тут грати. – I think you should ask for permission to play here.
Що він просить? – What is he asking for?

	Person	**Present Tense** Теперішній час	**Past Tense** Минулий час	**Future Tense** Майбутній час
Singular	1 I/я	прошу		проситиму - попрошу
Singular	2 you/ти	просиш		проситимеш - попросиш
Singular	3 he/він she/вона it/воно	просить	просив – попросив просила – попросила просило – попросило	проситиме - попросить
Plural	1 we/ми	просимо, просим	просили - попросили	проситимемо, проситимем – попросимо, попросим
Plural	2 you/ви, Ви	просите	просили – попросили	проситимете - попросите
Plural	3 they/вони	просять	просили - попросили	проситимуть - попросять

Imperative (Наказовий спосіб)

Singular	Plural
проси - попроси	просіть, просіте просімо, просім – попросіть, попросіте попросімо, попросім

	Present	Past
Active Participle	просячий	просивший - попросивший
Passive Participle		прошений - попрошений
Transgressive	просячи	просивши - попросивши

роб**и**ти ([rɔˈbɪtɪ] *transliteration:* rob**y**ty; *transitive, imperfective verb*) – to make; to work; to do
зроб**и**ти ([zrɔˈbɪtɪ] *transliteration:* zrob**y**ty; *transitive, perfective verb*) – to make, to do; to manufacture.

Examples. Що ти тут робиш? – What are you doing here?
Я зроблю звіт завтра. – I'll make the report tomorrow.

		Person	Present Tense Теперішній час	Past Tense Минулий час	Future Tense Майбутній час
Singular	1	I/я	роблю		робитиму - зроблю
	2	**you**/ти	робиш		робитимеш - зробиш
	3	**he**/він **she**/вона **it**/воно	робить	робив – зробив робила – зробила робило - зробило	робитиме - зробить
Plural	1	**we**/ми	робимо, робим	робили – зробили	робитимемо, робитимем – зробимо, зробим
	2	**you**/ви, Ви	робите	робили – зробили	робитимете - зробите
	3	**they**/вони	роблять	робили – зробили	робитимуть - зроблять

Imperative (Наказовий спосіб)

Singular	Plural
роби - зроби	робіть, робіте, робімо, робім – зробіть, зробіте, зробімо, зробім

	Present	Past
Active Participle	роблячий	робивший - зробивший
Passive Participle		роблений - зроблений
Transgressive	роблячи	робивши - зробивши

сидіти ([sɪˈdɪtɪ] *transliteration:* sydity; *intransitive, imperfective verb*) – to sit, to be seated; to be, to stay.
посидіти ([pɔˈsɪdɪtɪ] *transliteration:* posydity; *intransitive, perfective verb*) – to sit for a while.

Examples. Посидь трохи. – Have a sit for a while.
Я буду сидіти в першому ряду. – I'll be seated in the first row.

		Person	Present Tense Теперішній час	Past Tense Минулий час	Future Tense Майбутній час
Singular	1	I/я	сиджу		сидітиму - посиджу
Singular	2	you/ти	сидиш		сидітимеш - посидиш
Singular	3	he/він she/вона it/воно	сидить	сидів – посидів сиділа – посиділа сиділо – посиділо	сидітиме - посидить
Plural	1	we/ми	сидимо, сидим	сиділи – посиділи	сидітимемо, сидітимем – посидимо, посидим
Plural	2	you/ви, Ви	сидите	сиділи – посиділи	сидітимете - посидите
Plural	3	they/вони	сидять	сиділи - посиділи	сидітимуть - посидять

Imperative (Наказовий спосіб)

Singular	Plural
сиди - посидь	сидіть, сидіте, сидімо, сидім – посидьте, посидьмо

	Present	Past
Active Participle	сидячий	сидівший - посидівший
Passive Participle		
Transgressive	сидячи	сидівши - посидівши

стояти ([stɔˈjɑtɪ] *transliteration:* sto**ia**ty; *intransitive, imperfective verb*) – to stand; to stop, to be at (to come to) a standstill; to be, to be situated.
постояти ([pɔˈstɔjɑtɪ] *transliteration:* post**o**iaty; *intransitive, perfective verb*) – to stand (for a while).

Examples. Де стоїть твій дім? – Where is your home situated?
Ми постояли трохи та рушили далі. – We stood for a while and then moved on.

		Person	Present Tense Теперішній час	Past Tense Минулий час	Future Tense Майбутній час
Singular	1	I/я	стою		стоятиму - постою
Singular	2	you/ти	стоїш		стоятимеш - постоїш
Singular	3	he/він she/вона it/воно	стоїть	стояв – постояв стояла – постояла стояло – постояло	стоятиме - постоїть
Plural	1	we/ми	стоїмо, стоїм	стояли – постояли	стоятимемо, стоятимем – постоїмо, постоїм
Plural	2	you/ви, Ви	стоїте	стояли – постояли	стоятимете - постоїте
Plural	3	they/вони	стоять	стояли - постояли	стоятимуть - постоять

Imperative (Наказовий спосіб)

Singular	Plural
стій - постій	стійте, стіймо – постійте, постіймо

	Present	Past
Active Participle	стоячий	стоявший - постоявший
Passive Participle		
Transgressive	стоячи	стоявши - постоявши